2014年教育部社会科学研究青年基金项目
"幼儿体质健康干预的生态学取向研究"（编号：14YJC890019）

幼儿体育活动这样做

主　编◎陈洪淼　华侨大学

副主编◎石桥满　Rapport幼儿体育俱乐部（日）

　　　陶　宏　广东第二师范学院

　　　赖小红　东京福祉大学（日）

编　者◎孟庆光　华侨大学

　　　陈妮妮　华侨大学附属尤梅幼儿园

　　　文仁华　东北大学（日）

华东师范大学出版社
·上海·

图书在版编目（CIP）数据

日本幼儿体育活动这样做／陈洪淼主编.—上海：
华东师范大学出版社，2016.4
ISBN 978-7-5675-5018-6

Ⅰ.①日… Ⅱ.①陈… Ⅲ.①体育课—教学研究—学
前教育 Ⅳ.①G613.7

中国版本图书馆CIP数据核字（2016）第070062号

日本幼儿体育活动这样做

主　　编　陈洪淼
责任编辑　蒋　将
特约编辑　郑　月
责任校对　陈晓红
版式设计　俞　越
封面设计　卢晓红

出版发行　华东师范大学出版社
社　　址　上海市中山北路3663号　邮编 200062
网　　址　www.ecnupress.com.cn
电　　话　021-60821666　　行政传真 021-62572105
客服电话　021-62865537　　门市（邮购）电话 021-62869887
地　　址　上海市中山北路3663号华东师范大学校内先锋路口
网　　店　http://hdsdcbs.tmall.com

印 刷 者　上海市崇明县裕安印刷厂
开　　本　787毫米×1092毫米　1/16
印　　张　7.5
字　　数　130千字
版　　次　2016年8月第1版
印　　次　2024年2月第8次
书　　号　ISBN 978-7-5675-5018-6/G·9323
定　　价　35.00元

出 版 人　王　焰

「幼児体育」の語源は何にかということを前提におきましょう。

日本では、幼稚園教育要領を改正し、心身の健康に関する領域、「健康」におけるごっこ遊びそのものでありました。

しかし、現代社会において「幼児体育」といえば、幼児教育従事でなくても、ほとんどの人々が理解できるようになりました。私は、長期にゆたり幼児体育の必要性に思いを込めてたくさんの子供達を指導してまいりました。

同時に、愛知医科大学運動生理学で留学している陳先生も理論と幼児体育指導の経験を踏まえて、同様に大切さを痛感してきました。その二人が偶然にも出会い、Rapport「幼児体育の指導法」を中国の子供達に取り入れたいと言う強い意志が二人の心を動かし、共同で「笑顔あふれる幼児体育」の指導書を作成し発刊にいたりました。そして、この本を通して「笑顔あふれる幼児体育」指導法を日本から中国へ拡散していただければ大変嬉しいと思っております。

本書が幼児体育に携わっておられる先生方は無論中国の子供達の成長に微かながら寄与できることを願い幅広く利用にいただければ幸いです。

本書に企画を快くお引き受けくださいました。陶先生、また編集までたいへんお世話になりました皆様方に心から感謝致します。

ラポールスポーツクラブ
代表　石橋　満

译文：

首先,我想谈一下有关幼儿体育这个词的起源。

在日本,最早的幼儿体育指的就是幼儿园教育理念改革后在身体健康教育领域中增加的健康游戏活动。当今,说起"幼儿体育",即使没有从事幼儿教育的人,也能了解其内容和重要性。我一直在提倡幼儿体育的必要性,并带着这种精神与孩子们一起享受体育活动所带来的欢乐。

与此同时,留学于爱知医科大学运动生理学研究科的陈老师,因为有理论联系实际的经验,也深刻体会到其重要性。我们不期而遇,陈老师强烈希望将"热魂幼儿体育教育的方法"介绍给中国的幼儿园教师等,使更多的孩子受益,因此萌发了共同编写本书的想法,让充满笑容的幼儿体育指导方法给中国幼儿体育教育工作者带来参考。

希望通过这本书,不仅能为专研幼儿体育的教育者提供帮助,更能够为中国孩子们的健康成长作出微薄的贡献。

本书的企划案很顺利就被出版方接受了。期间也得到了陶宏老师和各位编辑的大力支持与协助,在此也向各位表示衷心的感谢。

热魂体育俱乐部
代表　石桥　满

目 录

实践篇

评价篇

幼儿运动能力培养受关注的原因

目前，幼儿体质下降、运动能力差等问题被众多研究者关注，归根到底有以下几个原因。

首先，复杂多样的运动游戏变得越来越少了。

一方面，现代幼儿游戏活动项目中大活动量的项目呈现减少的趋势。这些年，专项性培训班非常风行，积极参与这些项目能为孩子提高身体素质提供机会。但是，多数情况下是家长们跟风报名，不是孩子自发性地运动，并不能全面提高孩子各项运动能力，也不能让孩子养成自发性的运动习惯。幼儿期进行各种快乐运动非常重要，单纯靠家长创造让其运动的机会是不够的。要让孩子们快乐地主动地运动，在他们的心里种下体育这颗种子，促使其爱上运动才是幼儿体育教育的关键。

另一方面，单一项目或单个练习要比复杂多样的运动游戏相对开展得多。如果对孩子只进行单个项目的练习，只会对其特定的部位进行锻炼，这样做容易对该部位造成疲劳甚至损伤，同时对多样性的动作学习是不利的。运动时要注意，生长发育期的幼儿如果接受了不适宜的运动频率和强度，后果就会如同从银行透支钱将来还需连本带利还给银行一样。

其次，身体活动的游戏时间和场所相对越来越少了。随着城镇化进程的飞速加快，本该需要步行的移动方式被现代交通工具替代；居住结构的变化使得连上下爬楼梯的机会也被电梯替代。大多数独生子女和兄弟姐妹做游戏和争夺玩具的机会也没了，在父母、爷爷、奶奶、外公和外婆的精心呵护下，孩子们几乎过着衣来伸手、饭来张口的"小皇帝"生活。总之，身体活动机会和场所的减少，导致通过从"玩"中学到知识和"玩"中获得健康的身心发展机会减少。

幼儿体育教育的重要性

我们认为在实施幼儿教育活动的过程中,体育教育以不可分割的形式存在。但是,体育教育往往又被隐含在其中让人感觉不到它的存在。

家长养育孩子,或祖父母照看孙子时最想了解的就是,他们的身体是否健康,运动能力如何。在当今信息化时代,虽然很容易获得孩子的身高和体重等这类数据,但是父母一般没办法对其运动能力等进行准确评价。比如,该对哪些项目进行评价,同龄人运动能力的平均水平和偏差值如何等等。上述都是家长们最需要了解的数据,且有了这些数据才能更客观地了解自己孩子的运动能力。

"适宜的时期做适宜的事情"常被我们认为是明智的选择,在幼儿体育教育中也是如此。除了上述具体的数据,对于幼儿各年龄段相适宜的运动能力发展内容也是困扰家长及幼儿园老师的最大难题。有研究报告指出:孩子在5~6岁期间投球能力较高,但是在3~4岁时由于该方面能力不足,因此即便是进行投球练习也得不到相应的提高,这就是教育学及心理学中常被提及的准备性(readiness)问题。如果孩子身体和心理条件还不够完备,让他们去学习那些难度系数高的技能,并强迫他们进步,这样反而会让孩子产生排斥的情绪。不仅仅只是在投球这项运动上,推及到所有的运动项目都是如此。

在幼儿安全教育中存在着"表面化的危险"和"潜在的危险"。这两项"危险"的概念区别起来很简单:对于"潜在的危险",即遵从字面意思,且是我们应该尽力排除;这里的"表面化危险"是指在幼儿教育现场,室外虽然有各式各样的游戏道具,但是却没有有效地利用起来,这是最大的浪费。它们仅仅只是在幼儿园招生宣传中起到摆设作用。家长一般会认为如果幼儿园器材完备的话,体育活动就会很丰富多彩。但事实上幼儿园教师过于注重安全因素,未能充分发挥器材的作用,那这些器材也就失去了作用。另一方面,即便有着完善的硬件,但是由于缺乏专业教师的运用和指导等这类"软件"的支持而使这些教学器材发挥应有的作用,这样的器材对于孩子们来说就失去了存在的意义。

本书编写的目的

当前,我国幼儿园的教育活动形式多样,也开展了诸多内容较丰富的体育活动,但存在的困惑、困难和问题仍不可低估,归根到底是缺乏有效、科学、系统的适应幼儿身心发展规律的活动内容设计与指导。鉴于以上情况,编者将日本幼儿体育活动的课程设计及评价分享给大家,以期抛砖引玉。

本书主编取得日本中京大学体育学硕士和日本爱知医科大学医学博士学位,同时在硕士和博士6年间一直在日本Rapport幼儿体育俱乐部兼任教学工作,有着非常好的理论基础和实践经验。副主编石桥满社长从事幼儿体育教育40年,至今战斗在教学一线,教学经验非常丰富。本书实践篇以日本Rapport幼儿体育俱乐部30多年的公司内部培训材料为主,参考和借鉴日本教材,并根据我国国情编写而成。希望此书能为我国幼儿体育教育工作者带来参考,为我国幼儿身心健康提供一定意义上的帮助。

理论篇

01

幼儿生理学特征

一、掌握幼儿生理学特征的意义

无论什么运动，科学、合理两者一定要排在首位，我们只有掌握幼儿的生理特征才能合理安排有益于其身体健康的运动项目，因此幼儿体育教育中健康教育的意义非常重要。《幼儿园工作规程（试行）》明确指出，幼儿园的主要任务是实行保育与教育相结合的原则，对幼儿实施德、智、体、美全面发展的教育，促进其身心和谐发展。幼儿园的作用是保护、照看幼儿，并且温暖地守护着他们成长。幼儿容易沉浸在自己的世界里，对外界的事物能够无条件地接纳，并且通过自身的方式对外表达出来，充满着对新事物的好奇和创新性思维。而且，真正意义上健康孩子是充满活力的，让他不做任何事情呆着是不现实也不可能的。事实上在人类成长的所有过程中，幼儿时期可以说是生命力最旺盛的时期。

但是，幼儿时期也叫未成熟期，不可否认的是，相比已经成熟的成年人来说，他们各方面的能力还差很多，并且与其他动物相比未成熟时期要长，这也是人类的特点之一。在这期间幼儿的身体机能逐渐打好基础，对于将来大有裨益。充满活力并且可塑性强的幼儿时期，在其一生的人格形成过程中是一个非常重要的阶段。因为幼儿体育与健康教育是幼儿其人格培养、身心协调发展的重要手段之一。

二、幼儿各年龄段生理特点

（一）新生儿期的特点

新生儿期是自胎儿分娩出母体起至出生后两周的这一段时间，我们也将分娩出母体起至28天之前的这段时间称为新生儿期，并将这个阶段的婴儿称为新生儿。在这段时期内，新生儿出生时的平均体重约3 kg左右，此后的2~5天内体重大约减少150~250 g，但在出生后的7~15天内又会恢复到刚出生时的体重。其头围在出生时比胸围要大 1 cm 左右。新生儿的头全长与身长的比例约为 1:4，就是所谓的"4头身"。如果与"7~8头身"相比，"4头身"的他们的脑袋会显得非常的大。

1. 呼吸与循环

宝宝一出生就号啕大哭，初生婴儿第一次发出的哭叫声意味着他们的肺部开始工作了。宝宝们用的是腹式呼吸，一分钟的呼吸次数约 40~50 次。初生婴儿的脉搏跳动为 120~150 次/分，之后的 1~2 天会减少到 100 次/分左右，开始吃奶后脉搏则会恢复到 120~150 次/分。

2. 视力与听觉

刚出生的宝宝都是远视眼并且看上去有一点斜视，他们的视力很差，在强光照射时会出现闭合眼睑的反应。他们在 4~6 周后会慢慢开始注视周围的事物。

运动方式：哭、挥舞手脚。

（二）婴儿期的特点

婴儿期指从出生到满 1 周岁以前的一段时期[①]。这是婴儿出生后生长发育最迅速的时期，婴儿期是人一生中生长发育最旺盛的阶段，也是最短的一个阶段。从出生到 1 岁的阶段是个体身心发展的第一个加速时期。在这个阶段，不仅婴儿身体迅速长大，体重迅速增加，而且脑和神经系统也迅速发展起来。在此基础上，婴儿的心理也在外界环境刺激的影响下发生了巨大的变化。他们从吃奶过渡到断奶，学会了人类独特的饮食方式；从躺卧状态、不能自由行动发展到能够随意运用自己的双手去接触、摆弄物体和用两腿站立，并学习独立行走；从完全不懂语言、不会说话过渡到能运用语言进行最简单的交际等等。这一切都标志着婴儿从一个自然的、生物的个体向社会的实体迈出了第一步。他们在遗传的生物性的基础上形成了社会化的人性——社会性，开始学会逐渐适应人类的社会生活。

1. 婴儿期的生理学特征

这段时期婴儿的体重最多可以达到出生时的 3 倍，约为 9~10 kg。他们的身长在出生时约为 50 cm，一般每月增长 3~3.5 cm，到 4 个月时增长 10~12 cm，1 岁时可达出生时的 1.5 倍左右。头围在出生时约为 34 cm，前半年增加 8~10 cm，后半年增加 2~4 cm，1 岁时平均为 46 cm。以后增长速度减缓，到成年人时约为 56~58 cm。胸围在出生时比头围要小 1~2 cm，到婴儿 4 个月末时，胸围与头围基本相同。

2. 婴儿期的运动公式及技能发展

这一时期婴儿的主要运动方式为手的抓握技能、爬行、独立行走。

手抓握技能发展要点为五指分化、手眼协调。到婴儿期末期，他们手摆弄物体的动作向精细化和协调化发展，这有助于形成他们的生活自理能力。手抓握动作发展的意义在于:(1)抓握动作是婴儿主动地探索和认识周围事物的表现;(2)为认识发展奠定了基础;(3)开始操作工具,使动作具有间接性。

爬行对婴儿的身体健康以及平衡能力的培养至关重要,大致上分为两个阶段:俯爬式以及狗爬式。一般而言,宝宝在8个月左右时懂得自然的爬行。在学习爬行的初期,婴儿几乎都是以同手同脚的移动方式进行,之后会用手肘往前匍匐前进,而且腹部贴在地面,爬行速度十分缓慢。在9个月大时,他们的身体才能慢慢离开地面,采用两手前后交替的方式,开始顺利地往前爬行。

独立行走是婴儿身心发展过程中的一个重要的里程碑。婴儿的躯体移动由被动转为主动,活动也具有一定的主动性,而且主动行走可以扩大认知范围,增加了婴儿与周围人的交往机会。到婴儿末期,他们的独立行走动作会变得熟练和自如。

(三)幼儿期的特点

在日本,1~6岁被定义为幼儿期,而在我国有着不同的划分标准,划分的年龄段略有偏差。临床医学领域根据生理学的特征,一般将1~3岁定义为幼儿期[2],也有观点将3~7岁划分为幼儿期[3]。本书因是介绍日本的做法和经验分享,故将幼儿期定义为1~6岁。进入该时期后,幼儿语言发育迅速,身体活动增加,所以这一时期也被称为游戏期。特别是幼儿进入4岁以后,肌肉、骨骼、神经系统等综合能力迅速发展,能进行非常复杂的身体活动;5岁后,动作控制能力增强;6岁后,各种运动技能逐渐提高。

幼儿期各系统发展特点及教学注意事项如下:

1. 骨骼

骨骼随着年龄的变化,有机物与无机物的比例关系也随之改变。成年人的骨骼有机物约占1/3,无机物约占2/3,这个比例的骨骼最坚韧,并有较好的弹性;儿童或者少年的骨骼有机物多,可达1/2,骨骼弹性强但硬度较低,可塑性大。

教学中应该注意事项如下:

● 养成正确的身体姿势。无论走、坐和站,均不宜做长时间的反复、重复练习。特别是坐姿,比如单臂撑脸时间过长,养成习惯后会影响脊柱的健康生长,背包尽量使用双肩书包而且重量不宜太重。

● 体育运动过程中注意身体的全面性训练。少从事非对称性项目、长时间固定姿势项目和负重性项目。保证项目多样性,使之交叉进行,全面锻炼,切忌对专业水平要求太高,以培养兴趣和打基础为主。在进行力量训练时,注意负荷的重量。10岁以前尽量不要进行静力性负重训练。力量训练项目可以选择动力性练习为主。场地的选择也非常重要,要避免在水泥地和柏油马路上奔跑和跳跃。因此幼儿园室外场地尽量使用沙地或目前国内幼儿园主要使用的柔性材料,不建议使用水泥地。有必要多加进行柔韧性练习,但是不要过度。

柔韧性练习时,尽量不要进行外力帮助,即使需要帮助时,外力也不要过度。

2. 肌肉

幼儿肌肉中水分多,蛋白质、脂肪和无机盐类较少,肌肉细嫩而富有弹性;能量储备较少,收缩力量和耐力较差,易疲劳但也易恢复;身体各部分肌肉发育不平衡,大肌肉、上肢肌发育先于小肌肉、下肢肌;肌力的增长不均匀。

4~6岁之间绝对肌肉力量不断增加,但是相对于体重,肌肉力量几乎没有变化。因此我们认为在这个年龄段肌肉力量增加的主要原因是肌肉的增粗,肌肉自身还处于未成熟过程,神经系统对其的调节和机能活动还未发育完成。

教学中应注意的事项如下:

● 不要进行大强度的肌肉训练,多进行动力性和巧力性的练习,运动项目安排要注意均衡发展肌肉力量,发展大肌肉群力量的同时,也要发展小肌肉群力量。注意加强下肢肌肉和腰腹肌的练习。

● 练习方式的选择为在训练走、跑、跳、投掷、爬、攀登等动作过程中发展大肌肉群力量;通过日常游戏、手工活动等多种形式的运动发展幼儿小肌肉群力量。注意协调能力训练,通过手脚并用的小游戏和小儿歌结合进行,这样训练会事半功倍。

3. 关节

幼儿关节的优势在于其关节囊及韧带伸展性大,活动范围大于成人。但这也是一个劣势,这使得幼儿的关节稳定性和牢固性差,外力作用下容易脱位。

教学中应注意的事项如下:

● 体操、武术、技巧、跳水等柔韧性项目的训练适宜早期进行。但练习柔韧性的时候不要过分添加外力,应循序渐进量力而行。踝关节、肘关节、肩关节和腕关节等活动范围大、稳固性差的关节附近的肌肉群可以多进行练习,以达到提高关节稳固性的作用。

4. 心血管系统

血液:幼儿的血液量相对比成人多,血流速度比成人快,血液循环时间也较成人快:3岁幼儿为15秒,14岁儿童为18秒,成年人为22.1秒。但是,单位体积血液中幼儿的血红蛋白含量与成人相比则较低。

心脏:幼儿的神经调节发育不够完善、心肌纤维收缩力弱、心脏泵血能力小,所以脉搏输出量小。但是,幼儿的新陈代谢比较旺盛,故心率较快,特别是在大强度运动过程中,幼儿的最高心率比成人的最高心率还要高,但是血压并不能达到成人水平。

教学中应注意的事项如下:

● 尽量减少憋气、紧张性和静力性练习,且运动训练的运动量不宜过大,注意动静结合,以免心脏负担过重。

● 不宜过早进行专项耐力训练和竞赛活动，但适当的越野跑等耐力项目是有益的。待12~13岁后，力量和耐力练习的比例方可逐渐增加。

5. 呼吸系统

幼儿的新陈代谢旺盛，耗氧量大，因而呼吸频率较快。但因呼吸阻力较大、肺通气的动力呼吸肌力量较弱，所以肺活量较小。同时，由于幼儿氧运输系统功能较差，最大通气量和摄氧量都较低，故在运动时通气量的增加主要依靠的是呼吸频率的增加来实现。

教学中应注意的事项如下：

● 应以速度性练习为主，耐力练习为辅，要注意动作与呼吸的正确配合。凡是使胸廓扩张的动作应吸气，反之应呼气；要避免憋气或屏气动作。游戏以及比赛的时间及强度的安排要贴切，具体比赛时间一般为3~5分钟为宜，运动强度大的时候，注意通过教师指导时间的插入调整运动强度，游戏过程中通过规则的改变调整强度。

● 注意幼儿呼吸道卫生，养成用鼻呼吸的习惯。遇到雾霾等污染严重的天气时，绝对不要在户外运动，因为运动过程中呼吸量大大提高，肺换气量也大大提高，大量的污染物质将停留在幼儿肺泡内表面，带来的危害远比运动带来的益处多。

6. 神经系统

幼儿的神经系统，抑制过程不完善，兴奋过程占优势，因而表现为好动、注意力不集中、学习和掌握动作较快，但多余、错误的动作较多。而且神经细胞工作能力低，易疲劳，但恢复也较快。神经活动中形象思维能力较强，善于模仿，但抽象思维能力较差。

教学中应注意的事项如下：

● 体育活动内容要多样化，以游戏和竞赛为主。每个练习或游戏不能重复超过3次以上，但是同一个练习内容由简到难的安排可以一次一次调动他们的兴趣，激发他们的挑战心。游戏或竞赛的过程中，注意安排短暂的休息，以免出现疲劳。

● 多采用直观形象的教法。如采用动作示范，看录像、图片等教学方法，同时应多采用简单易懂、形象生动的口令和口诀帮助幼儿理解。不宜做过难的动作，应多安排以游戏和模仿性质为主的练习，全面发展其基本技能。

【参考文献】

① 陈会昌，庞丽娟，申继亮，周建达主编.中国学前教育百科全书（心理发展卷）［M］.沈阳：沈阳出版社，1994.

② 洪黛玲主编.儿科护理学［M］.北京：北京大学医学出版社，2008.

③ 邓金鎏等主编.儿科学［M］.北京：人民卫生出版社，1958.

02

幼儿心理学特征

幼儿期是儿童心理发展的飞跃时期,其心理过程在一开始还保持着形象性和不随意性的特点,而后各种心理过程的抽象概括性和随意性逐步发展起来。如果把幼儿期的心理特征想象为一张纯白的宣纸,那么我们成年人的言行将是笔,特别是幼儿教育者言行对他们的影响将是最直接、最有效的,所以我们在教育过程中要做到:"用身示范,用脑上课,用心交流。"哪怕自身有99%的缺点,在孩子面前只能让他们看到那1%的优点。掌握幼儿心理特征,做被孩子爱戴的老师;做被孩子喜欢的老师;做可以爱护却不会娇纵孩子的老师。

一、身体与运动

说到幼儿身体的发育与健康问题时,我们会想到如踩高跷、韵律活动、幼儿体操、幼儿游泳等体育运动。应近年家长的要求,在幼儿教育中也越来越重视上述体育运动了。但是现今孩子回到家后,就很少有机会在户外玩耍、活动身体了,几乎只在家中玩电动玩具、电子游戏机,或是看电视看动画片。在这种情况下,更有必要强调幼儿阶段的身体活动的重要性。

(一)通过身体感知的力动感

幼儿用身体感知外界。无论大人还是幼儿,自身都有视觉、听觉、触觉、味觉和嗅觉这五感。幼儿正是通过这五感,来感知各种各样的力动感。这里所说的力动感,指的是比如小溪平时涓涓流水,大雨过后滔滔不绝;或是春季惬意的清风微扬,冬季冷冽的北风呼啸。也就是说,根据水流的速度和风的强弱,我们的身体能感受到不同的动感(跃动)。斯坦恩称之为"vitality affect"(本书译为力动感)。

幼儿在玩耍或是生活中所感知的外界,到处都渗透着这种力动感。同样是"疼",有疼得跳起来的疼,有慢慢袭来的疼,疼的程度是完全不一样的。而同样是"喜悦",用欢喜雀跃来表现时和用情不自禁地露出笑脸来表现时,方式不一样,两者蕴含的力动感也是不同的。正是因为我们的身体具有感知对方身体充满的力动感的这种能力，所以人与人之间能互相理解。这种力动感，幼儿可以在各种各样的身体活动中活灵活现地感受到。

（二）运动

孩子们在幼儿园期间不是一直都安静地待着，总是不停地活动，比如跳绳、攀爬假山、模仿摔跤、捉迷藏等等。当幼儿不积极地活动时，通常是感到身体不适的时候。反过来说，老师可以通过观察他们活动的样子，察知幼儿的身体健康状态。

在幼儿教育中，迫切需要让幼儿体验各种各样的运动，让其在运动中感知到各种各样的力动感，并且让其所体验的这种力动感与其他孩子甚至和老师一起共有。说到运动，我们最先想到的可能是可以促进身体健康和发育，如幼儿体操、韵律活动、游泳等活动。但是，事实上像攀登架、秋千、跷跷板等游乐设施也能让孩子们的身体进行各式各样的运动，在这些运动中同样能使幼儿感知多样的力动感。通过这些形式多样的运动，自然能促使身心的发育。另外，在运动中幼儿通过自身的五感体验更多的力动感，并从中获得满足感，因此能培育更高参与运动的积极性。尽情地投入运动活动中，获得充分满足的同时，热量消耗，幼儿也会变饿，就餐时食欲也会增加。从这一个角度来讲，这也能促使身体的发育。

此外，让孩子亲近自然，在自然中成长，这是非常重要的。并不单是提高对理科的兴趣爱好，而是让孩子经历更多的东西，获取更多的力动感。

（三）肢体交流的意义

通过看幼儿的举动或听其言行，老师可以体会其内部的力动感，可以理解幼儿的"现在"，"这儿"（此时的心理状态）。这是因为身体与身体接触时，力动感通过身体之间的接触面能更加活灵活现地被传达。在老师和幼儿一起做一件事时，特别是与幼儿肢体交流时，双方都能更好地共有那时的力动感。比如"抱一下"，不仅是机械动作的抱，通过"抱"的同时，使抱和被抱的双方都能够拥有一种舒适放松的感觉，并能从中获得一种安全感。这就是所谓的肌肤相亲的重要性。

二、身体活动的本质

幼儿期的生活，以玩耍为中心。而玩耍的本质，就是自然而然地与周围的人和事物交往，并沉浸其中，甚至忘了时间的流逝。玩耍的目的就是玩耍，不是非要达到某种有意义的目的。当然，这并不排除幼儿期的玩耍对其自身的健康发育有着重要的意义。

在玩耍中孩子自然而然地与周围的环境接触，发现其不同的一面，并体会其中的关联。比如,在玩耍中树叶不仅仅是树叶,还可以当作盘子、钱币、车票。还比如,沙子加水可以做成固体形状,或是加更多的水可以变成液状。通过这些发现,可以找到不同的玩法。这些发现和创新,不仅能让孩子发挥想象力,培养思考能力,展开身体行动的同时,学会和别的小朋友共处并协力合作的精神。在这个发现的过程中,孩子能体会到纠结、挫折感、成就感、充实感等等,促使其精神成熟。以上是对幼儿期玩耍的本质进行的简洁而具体的总结。回想起我们在小时候着迷玩泥巴和过家家等游戏时,就能够对这个总结有切身体会。

综上所述,孩子在自发地玩耍中全身心投入,通过各种不同的体验,获取身心的协调并为身体发育打下基础。从某种意义上来说,自发地玩耍是幼儿时期特有的一种学习方式。

（一）自发自主地玩耍

幼儿期的玩耍作为自发活动,是幼儿期特有的学习方式,也是身心发育的基础。再换种方式说,幼儿的自发活动和大人强行要求孩子参与活动和学习是两个对立的概念。只要孩子充实地自发活动(玩耍),即使没有特别教育孩子什么,孩子的身心也能充分发育成长。

（二）玩耍伴随着正负两面的情绪

通过玩耍,孩子在与“人、事、物”接触中获取各种各样的体验,但孩子从这些体验中获得的不仅仅是成就感和满足感等正面的情感,也会经历挫折和纠结之类负面的情绪,从中能获得平衡,实现身心的和谐发展才是关键。

在此,必须明确指出玩耍本来就是会带给孩子正负两面情感的体验。说到玩耍,我们往往认为其只有好的一面,其实不好的一面也是存在的。但那些不好的一面并不能全盘否定,反而通过那些负面情绪的体验同样可以让孩子成长。理解和认识这点是特别重要的。

三、玩耍对孩子的意义

（一）玩耍的乐趣来源于力动感的不停变化

如前面“身体与运动”中所述,孩子通过身体来感知各种各样的力动感。而玩耍则可以说,正是以在这种力动感变化基础之上的感性体验为中心的活动。孩子与“人、事、物”接触交流,并为之着迷,从中感受到乐趣,正是因为通过这些活动感受到了各式各样的力动感并为之吸引。例如,捏泥巴时黏嗒嗒、黏糊糊的感触;水管里的水喷出时“哗啦啦”的声音;玩捉迷藏就要被捉住时的紧张得心脏“扑通扑通”像要跳出的感觉;跳大绳时随着绳子“摇呀摇”“跳呀跳”的节奏。这类例子数不胜数。像这些甚至无法用语言来表达的力动感,幼儿可以在玩耍的时候感知它。虽然也有安静地坐着看图画书,或是听老师讲故事的时候,只要孩子从中感受到乐趣,孩子的内心也有某种力动感在舞动着。这种力动感将在孩子的游戏与玩耍中时而增强,时而减弱,不停交替反复变化着,从中感受到乐趣并为之着迷。

（二）力动感在孩子之间传递和渗透

在幼儿园中经常会有呆立着不愿意运动只是一直看着其他人的孩子。例如,抢椅子游戏中,大家都在玩的时候,有不参与只是在一旁静观大家玩乐的孩子。这时会发现,这个孩子虽然自己没有在动,但当音乐突然停了大家抢椅子的瞬间,他如同自己也参与在其中一样突然变得身体僵硬、眼睛瞪大。这是因为,这个孩子被其他孩子活动时散发出来的力动感感染,不知不觉表现在自己的身体上了。

如上述例子所说的一样,力动感特别容易在孩子之间相互传递和渗透,这可以说是把孩子与孩子或者是把孩子与老师连在一起的"连接要素"。因此,老师也应该尽可能地放开自己的身心参与到孩子的玩耍中,像孩子一样感知到各种各样的力动感,产生共鸣。

力动感的传递与影响容易在身体之间产生共鸣。看到别的孩子做着的事自己也去做,一方面是因为自己也想做而去模仿,更多的时候是因为那种力动感渗透到自己体内,不自觉地做起同样的事了。这就很容易说明和理解为什么孩子在身体的活动变得活跃的年龄之后不再满足于一个人玩耍,而喜欢成群结队一起玩耍了。

（三）身体的活动、锻炼、交流、竞争、探索与发现

将玩耍以力动感为中心来考虑时,很容易说明为什么玩耍多以动词出现。如:跳大绳或是捉迷藏,"跳"、"跑"、"抓"是基本;攀登架和假山则以"爬"、"落"、"滑"为基本;而过家家是以"切"、"拌"、"炒"、"盛"为基本;但颜料水游戏则是"注入"、"混合"作为基本。如此看来,玩耍所包含的要素之一必是以动词表现的活动,这些活动中必然酝酿出各式各样的力动感。老师注意这一点的话,就可以知道孩子此时以什么为乐,认为什么是有趣的,正在对什么感兴趣。这也正是为何要积极创设玩耍环境的多样化,也就是为了能够让孩子选择以上各种活动,自由玩耍。

（四）反复的意义

为什么孩子会喜欢玩沙子、水和泥之类不定型的东西,或是乐高积木这类易于拼装也方便重组的玩具呢？实际上,孩子会每天不厌其烦地挖着隧道,制作堤坝,并将其破坏,等到了明天又重头开始。或者是用乐高积木拼成漂亮的宇宙飞船,却又立刻将它解体接着准备拼成怪兽的模样。当然,要充分说明原因或许不可能,但可以这么理解:大人总是绞尽脑汁地想要从孩子的游戏中看出他们的意图或目的,或者想要看到那个目的或意图被实现,但对于孩子而言,

哪怕是以制作什么为目的的玩耍,比起完成这个最终目的,这中间的过程和所收获的力动感及感知其变化自身就是目的、目标。通过手获得感触、破坏时候的感觉等等,在这些反复活动中孩子能够感知到不同的力动感,并在这些力动感中获得乐趣。理解这点,也就能理解那些往复的意义了。

四、在孩子玩耍时教师的职责

如果只读到"在孩子的自发自主的活动中,通过玩耍,孩子身心两方面得以成长",就有可能产生"只要让孩子玩耍就可以了"这样的误解。然而,通过游戏获得的成长,仅仅依靠孩子玩耍的活动是不可能实现的,这一点毋庸置疑。在玩耍时,老师发挥着重要的作用。并且这绝不会随着环境的准备而结束,之后孩子们只要自发地独立地玩耍,获得成长就可以结束。通过游戏获得的各种各样的经验,获得的力动感是有趣的,并作为一种乐趣深深植根于孩子的心中,形成一种满足感和成就感,并能增强自信和他人的信赖。

（一）关心、认同、支持并融入

通过游戏获得的经验会在孩子身上扎根。为了能够让孩子扩大游戏的范围,首先老师向每个孩子积极地表示关心支持,如"嗯,原来××喜欢这个游戏啊"。当孩子在心里欢呼"做到了!"、"太好了!"的时候,能够与老师的喜悦实现共鸣,使得这份喜悦更加高涨,这是在教育的过程中尤为重要的。孩子将这份喜悦铭记于心,增强自信,并对给予自己肯定的老师也能产生好感。

与此相对的,敷衍的"做到了嘛"、"真厉害"之类的语言,孩子无法从中获得被肯定的喜悦,更不能将其牢记。老师的话能够传递到孩子心里,一起分享孩子感受到的力动感,即站到孩子的立场(变成孩子)能够将孩子想讲没能讲的话脱口而出("孩子的观点")。为了做到像这样将话语传递到孩子心中和实现这种反应,首先需要对孩子的行为表现出积极的关心,其次就是必须要融入孩子的游戏之中。

站在远处观望孩子们的游戏,老师说"××现在正在进行这个游戏"这样的话无法传达孩子的动感和欢乐。在这一意义上,老师参与到每个孩子的游戏之中一起玩耍是有必要的。确实,在进行集体教学或区域活动时,教师或许追赶着一天的教学计划,没有办法与每个孩子一起玩耍,即使一起做游戏,但探寻每个孩子的内心活动却是力所不能及的。但是,老师仍需多做努力,在一天之内虽然只能和为数不多的孩子一起游戏,追求与一起游戏的每个孩子在短时间内实现经验共享的机会是每个教育者应该做到的事。

从这个方面来看,即便游戏是体现孩子主体性的活动,也必须要理解不是"只要让孩子去玩"就完事了。正相反,老师也要参与到以孩子为主体的游戏中,在感受孩子力动感的同时,予以认同、支持和做出反应。这虽不能说是必要的,却可以说是最难的,属于专业性最高的应对方法。然而,不能仅是认可好的结果,也需要对虽然没有顺利完成却坚持尝试的孩子及他们这份无论如何想要做好的心情认可的,如"要努力哦,再加油!"。而对于失败了的孩子也要给予适当的安慰:"真可惜"、"下次和老师一起来做吧"。由此,鼓励孩子再次尝试和更加努力的心情,能够由孩子自己迈向下次的挑战。

(二)共同享受游戏乐趣

如上所述,游戏是体现孩子主体性的活动,教师认同、关心并积极创造区域活动环境,但决不是认为自己的职责结束了让孩子们自由玩耍。

在幼儿园内,教师带领孩子开展的游戏或主题性活动是带有教学目标、完成教学内容的教育活动,并且通过这样的游戏感受到这种喜悦,这应该也是教育者的愿望和期待。这也就是老师如何理解和践行"以游戏为基本活动"的教育原则主要内容。确实只有孩子才能够自然而然地发现各种各样的游戏,并开始玩耍。特别是在自然的环境中受到教师指导,诱导孩子更好地玩耍,单纯地"玩"则无法增加孩子的经验。

(三)在孩子的游戏中起到中介的作用

如果孩子能够在各式各样的环境中充分发挥自我进行游戏,就能够避免矛盾和冲突。如果是5岁的孩子,则能够通过语言表达各自的想法,能够做到某种程度上的礼让,但2~3岁的孩子虽然可以明确自己的意志,却不能通过言语来很好地表达,于是也就无法避免冲突和矛盾。

在这种情况下,老师不要把矛盾和冲突作为不容许的事来进行遏制,而是应该由老师自身作为中介,沟通两个孩子的想法,使他们彼此接受,这是老师在孩子的游戏中起到的重要作用。2~3岁的孩子会努力地用肢体和简单片段语言向老师表达自己的想法,而老师应该认真聆听每个孩子的想法,"××是想要这么做对不对"如此表示对孩子想法的接受,并传递给其他的孩子。"××呢,是想要这么做哦",成为孩子之间的中介,让孩子能在老师的调解中互相理解。

为了实现这一中介作用,在平时,老师一定要重视孩子的心情,建立起彼此之间的信赖关系。

03

幼儿体育运动参考指南

1岁幼儿的运动内容

　　1岁左右幼儿开始自己独立行走，根据自己的意识，自由行动的范围扩大，不时寻找进入大人的生活和文化的机会。从幼儿自由活动和体育活动开始。一般来说，幼儿比较喜欢推、拉、爬和钻等动作，并且喜欢户外的活动，但由于现代社会形态结构的变化，需保证周围环境的安全。

2岁幼儿的运动内容

　　2岁被称为身体的独立期，身体机能发育快。由于幼儿基本不能对外界事物的"获得免疫"，且自我意识强，想要什么就做什么，基本没有对于危险的判断力。这个年龄的幼儿急、停等动作不能够做好，但是奔跑能力有所提高，自己无意识的到处跑动较多；上下台阶能力明显增强；平衡能力提高，以一步一步移动的方式可以走完平衡木；比较喜欢双脚并拢的"小兔跳"、地上滚动、相扑等双人角斗游戏；手臂的活动能力也在进步，可以完成投球运动和单杠悬吊等动作。该时期家长可以给予幼儿较多的活动机会。让他们多动多玩，适当的体力消耗不仅对安定幼儿情绪有很大的帮助，也对今后叛逆期的防范有一定的帮助。

3岁幼儿的运动内容

　　幼儿的发育与成长进入3岁后进一步得到了发展，这一阶段对其成长有着重要的意义。相比1岁、2岁的幼儿，他们的情绪更加稳定，感情更加丰富，生活习惯更加有规律，运动调节能力也得到改善。随着社会性能力的发育显著，他们的玩伴逐渐增多，和同伴们的活动也日益增多，如在他们之间流行捉迷藏的游戏。

4 岁幼儿的运动内容

这时的幼儿大脑脑重能达到成人的80%，在智力发育的同时，其身体机能的发育也必然得到促进。4岁幼儿的运动机能有了更大的提高，行走作为所有运动的基础，他们已经可以完全掌握，且能和成人们一样平稳地行走了。他们还可以轻松自如地完成如跑、跳、节律跑之类的基础身体运动。

另外，他们乐于玩荡秋千、单杠、滑梯、平衡木和投球等运动。如果这个时期缺乏运动，孩子一旦上了小学，就会与经常体育锻炼的同龄孩子在运动能力上有很大的差距。到了那个时候，即使想要赶上也很难。

5 岁幼儿的运动内容

5岁幼儿是整个幼儿期间身心状态最安定的时期。现在的他们即将结束幼儿阶段，迈入一个新的阶段。他们有很强的意欲和持久力，对于热衷的活动能坚持到底，并且能积极参与集体游戏及活动。从身体要素来看，5岁幼儿的体形是非常适合运动的。笔直的身体，加上灵活柔韧的手脚和良好的平衡感，使他们具备了良好的运动条件。

实践篇

01

运动项目选择

1-1 垫子运动

A 不倒翁

双脚掌对齐,双手抱住双脚坐在垫子上,双膝盖尽量分开,成不倒翁的姿势(坐立状)。

多种玩法:

1. 向后倒下后恢复到坐立状。
2. 向左或向右倒下后恢复到坐立状。
3. 由左向后倒下后恢复坐立状。
4. 由右向后倒下后恢复坐立状。
5. 由左(右)—后—右(左)倒下后恢复坐立状。

教学要求:

坐姿,身体保持紧张状态。

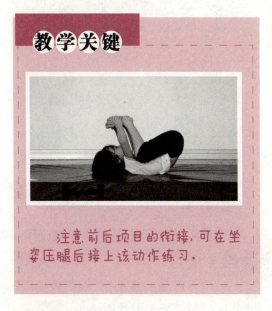

教学关键

注意前后项目的衔接,可在坐姿压腿后接上该动作练习。

B 滚圆木

一名孩子躺在垫子上,双手上举并拢,使身体保持棍状。另一名孩子推动躺在垫上的孩子,像滚动原木一样。此时被推的孩子不要用力,而是让对方推动自己。

多种玩法:

1. 两人一起推。
2. 一人推。

教学要求:

躺在垫子上的孩子的身体姿势要保持紧张状态。垫子不够长的情况下,注意头部必须能枕在垫子上面。

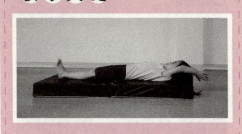

教学关键

初次练习时,圆木扮演者适当配合推的同学,熟练后可以进行分组比赛。

C 烤红薯

将身体笔直地躺在垫子的边缘后进行侧滚。

多种玩法：

1. 将双手上举并拢后往侧身滚动身体。

2. 两人头顶头地躺在垫子上，在头上方握住对方的手后两人一起滚动。注意滚动时不要松开对方的手。

教学关键

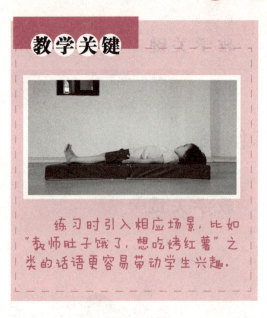

练习时引入相应场景，比如"教师肚子饿了，想吃烤红薯"之类的话语更容易带动学生兴趣。

教学要求：

学生自行侧滚，要求直线滚动，双人练习时不宜进行比赛，提示学生同步协调进行。

D 软骨虫

仰卧后提起双腿，让脚尖能触碰到头顶的垫子。

教学要求：

学生自行做到该动作，双脚轮换用脚尖敲动头部侧面的垫子，同时数数，或教师倒计时指示学生保持姿势。

教学关键

准备活动期间和后滚翻辅助练习时安排该练习较好，切忌教师人为地帮助做不到的同学将其腿往下压。

动作要领：
1. 保持这个姿势片刻。
2. 以头部为圆心，用胳膊带动身体画圆。
3. 利用后滚翻技巧恢复站立状态。

24

E 肩肘倒立（宝塔）

上接"软骨虫"练习，比较容易进入该练习。由直角坐开始，向后倒肩、举腿、翻臀，当向后滚动至小腿超过头部时，向上伸腿、展髋、挺直身体，同时两手撑腰后侧，夹肘，成肘、颈、肩支撑的倒立姿势。

多种玩法：

1. "骑自行车"：肩肘倒立姿势后，弯膝在空中做踩脚踏的动作。

2. 开并腿，肩肘倒立姿势后，打开、并拢双腿的动作。

教学要求：

双手支持稳固后，可先屈膝练习，熟练后慢慢伸直双脚。

教学关键

必要时教师双手轻轻辅助提起孩子的双脚，减轻双手的支撑力量。

F 企鹅走

以跪姿跪在垫子上。

多种玩法：

1. 摆臂向前走。

2. 横向走。

3. 向后走或者朝指定方向走。

4. 将手放在头上或者插在腰上走。

教学要求：

上半身挺直，保持平衡。

教学关键

此体育活动单独做效果差，队列连续做效果较好，但注意保持前后距离，以免速度过快，使后面同学倒下而造成多米诺骨牌效应。

G 跳 跃

多种玩法：

1. 原地跳：并腿跳，左右开脚跳，或者单脚跳。

2. 并腿跳：前后跳，左右跳或者转体90°（180°）跳。

3. 开脚–并脚跳：时而开脚跳时而并腿跳，或在空中时双腿并拢，落地时打开双腿。

教学要求：

每节课必做练习，为了保护孩子的膝关节，尽量在垫子上完成所有跳跃练习。

教学关键

准备活动后安排跳跃练习较为普遍。

H 前滚翻

由蹲撑开始。重心前移，两腿蹬直离地，同时屈膝。低头、含胸、提臀，以头的后部在两手支点前着垫，依次经颈、背、腰、臀向前滚动。当滚至背部着垫时迅速收腹屈膝，上体紧跟大腿团身抱膝成蹲立。

多种玩法：

1. 使用手撑地前滚翻。

2. 双手抱膝前滚翻。

教学要求：

低头看肚脐，双手支持点靠近双脚，做完后要求孩子立刻站立起来，慢者挠痒痒。

教学关键

提示到位，使用提示词"看肚脐"、"摸脚尖"和"挠痒痒"。循序渐进逐渐增加难度，比如：拉开垫子间的直接距离，增加手脚支撑点的距离，教师伸直腿坐在垫子中间，让孩子从教师双腿上越过做前滚翻。

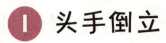 头手倒立

由蹲立姿势开始，上体前倾，两手撑垫与头部成正三角形。随即蹬地摆腿呈头手倒立姿势。

多种玩法：

1. 青蛙状头手倒立。
2. 标准头手倒立。

教学要求：

头手撑垫成正三角形，两肘内夹。当腿摆至倒立部位时，蹬地腿应主动与摆动腿并拢。身体重心始终保持在支点垂直范围内。

教学关键

头手位置练习必须做好，语言提示"眼睛是否可以看到双手"，教师可以跪姿在学生身后保护，把学生头部夹在双腿之间，肩部顶在双大腿上，以保护颈部。学生自己可以以青蛙状将双脚举起后独立练习。

J 单脚跳上垫子（2层垫子）

原地单脚跳上和跳下垫子。

教学要求：

单脚跳，为了身体机能的平衡发展，双脚必须交换做相同次数的练习。

教学关键

由易到难，垫子数由单层到双层以及三层。

K 跳越障碍物

用单腿或双腿跳过垫子。

多种玩法：

1. 平铺垫子跳。

2. 垫子卷成柱状。

教学要求：

摆臂充分,落地时注意缓冲。

教学关键

跳跃时强调摆臂的重要性,配合口令,如：1—2—3跳。

L 摇 篮

坐在垫子上紧抱双腿蜷缩身体,让后背成弧形状,如摇篮般让身体前后摇晃。脚尖用力踢垫子,将重心从臀部到腰部,再到背部,并尽量将头蜷缩到自己的腰部,摇晃时让背部朝上,之后再恢复到最初的姿势。

多种玩法：

1. 两人一组互相帮助完成。

2. 自己独立完成。

教学要求：

身体紧张,低头,背部呈弧形,有人帮助练习时充分体验重心移动的感觉,熟练后独立完成练习。

教学关键

配合教师口令或儿歌练习较为有效。

 跪膝跳起

多种玩法：

1. 两人一组手拉手，其中一人跪在垫子上后向上跳跃成站立姿态。另一人抓住对方的手，在对方跳的时候顺势提拉。

2. 两人一组练习，熟练之后，改成一人做。

教学要求：

提拉的同学要做到及时到位，多次练习后可以找到较好的默契。

教学关键

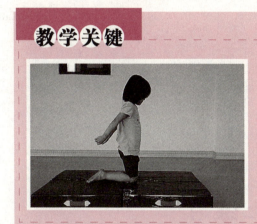

前后排同学组成伙伴，切忌左右组成伙伴，这样易造成左右可选择状况，被忽略的学生会对其造成一定心理影响。

1-2 跳箱运动

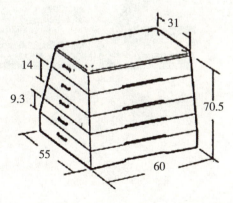

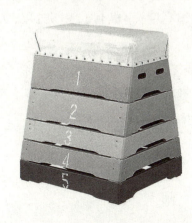

（单位：cm）

A 穿越障碍

将数个跳箱或箱型积木按一定间隔摆放成一列,设置起点终点,让孩子以S形穿过间隔从起点跑到终点。

教学要求:

跑时重心降低,体会拐弯跑的技巧。

教学关键

第一次练习学生自己跑,第二次以后教师提示要点。比赛时候教师可以提示较弱的一组,使其能够战胜另外一组,以激发孩子们对要点部分的学习欲望。

B 跳上练习

双脚从地面跳上箱子,再跳下来。

多种玩法:

1. 单独跳上箱子。根据年段设定跳箱高度,小班1层,中班2~3层,大班2~4层。

2. 两人手拉手跳。根据年段设定跳箱高度,小班1层,中班2层,大班2~3层。

教学要求:

教师注意保护帮助,以免孩子摔倒后产生恐惧心理。

教学关键

开始教学该内容之前进行排队,有意识地让胆大的孩子排在前面。

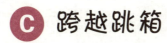

C 跨越跳箱

以约2块垫子长度作为助跑距离,让孩子单脚跨上跳箱后,另一只脚跳下或双脚跳下跳箱。

教学要求:

保证助跑、踏上和落地这一系列动作的连贯。

教学关键

落地时注意安全,教师站在落地位置附近保护.

D 向前跳下

站在跳箱上,尽量往远处跳下。

多种玩法:

1. 跳在任意的地方。
2. 跳在指定的区域,如呼啦圈内、绳子内等。

教学要求:

落地稳,脚步不移动。落地点准确。

教学关键

在指定位置时,要求站稳.孩子能够站稳后再指定落地点.

E 扶箱背向跳下

蹲在箱子上双手扶住箱子边缘，背向跳下。

多种玩法：

1. 不指定落地点。

2. 指定落地点。指定方式为使用呼啦圈之类的用具，指定跳在圈内。

教学要求：

跳后手臂用力推箱。

教学关键

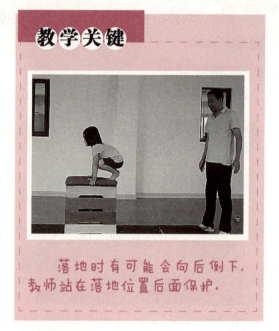

落地时有可能会向后倒下，教师站在落地位置后面保护。

F 脚碰脚跳下

从跳箱跳下时要求孩子在落地之前左右脚相互碰撞。

教学要求：

根据年段设定跳箱高度，小班3层，中班4层，大班5层。

教学关键

尽量往高处跳，增加滞空时间。看谁双脚碰撞的次数多。

G 拍膝跳下

跳下箱子时，要求孩子加上拍膝盖的动作。

教学要求：

根据年段设定跳箱高度，小班3层，中班4层，大班5层。

教学关键

尽量往高处跳，增加滞空时间。看谁拍膝次数多。

H 跳上跳箱

原地或助跑跳上跳箱。

多种玩法：

1. 双脚跳。
2. 单脚跳。

教学要求：

助跑和踏跳动作连贯，往高处跳。可用踏跳板也可以不用踏跳板。

教学关键

踏跳时注意安全，教师站在跳箱旁边保护。

33

I 拍手跳下

从跳箱往下跳时加上拍手的动作。

多种玩法：

1. 拍1下。
2. 连续拍2下。
3. 连续拍3下。

教学要求：

要求跳得高，滞空时间长，拍手速度快。

教学关键

教师示范的时候，拍手次数越多效果越好。

J 助跑跳上接跳下

助跑跳上跳箱，再跳下。

多种玩法：

1. 跳上跳箱的位置可为任意地方，也可指定区域。
2. 跳下的位置可为任意的地方，也可指定区域。

教学要求：

使用踏跳板，根据年段设定跳箱高度，小班2层，中班3~4层，大班4~5层。

教学关键

双脚踏跳，踏跳准确。

K 步步高升

以膝盖的高度（2层跳箱），大腿的高度（3层跳箱），腰部的高度（4层跳箱），将3个箱子横着并排摆放成台阶状（可根据身高变换箱子高度），让孩子助跑后两脚交替登上台阶，并向前跳下。要求落地稳。

教学要求：

助跑快，踏台阶准，最后一跳高。落地的垫子要使用较厚的软垫子。

教学关键

该练习可以让孩子充分体验腾空的感觉，孩子会非常喜欢，宜放在课程的最后，可替代游戏部分。

L 踩石头过河

摆放数个跳箱，在不摔倒的前提下连续从第一个跳箱跳到后续几个跳箱上。

教学要求：

跳箱之间放置垫子。跳箱的高低可以不一。

教学关键

练习之前先假设场景，比如：蓝色垫子可以设定为海洋，红色垫子可以设定为火山。

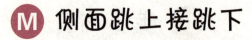

M 侧面跳上接跳下

　　站在跳箱的侧面,跳箱高度要与孩子的跳跃能力相适应,小班1层,中班2层,大班3层,侧身跳上箱子,再从跳箱的另一边侧着跳下来。

　　多种玩法:

1. 指定跳的次数。
2. 配上音乐,按音乐节拍跳。

教学要求:

　　对于做不到的孩子,教师可以站在跳箱侧面双手牵着他(她)的手做。

教学关键

摆臂和跳上跳下配合,保持节奏感.

N 撑手侧跳

手扶在跳箱的前方，利用臂力跳到箱子上。等熟练后，进行连续练习。如果感觉跳上箱子有一些困难的话，可以扶住箱子在地上左右跳动。

教学要求：

手臂不要弯曲，踏跳后臀部抬高。

教学关键

该练习比较枯燥，练习之前适当配合小故事进行。

O 撑手开脚跳成骑乘

用手扶住箱子，开腿跨立在箱子上。根据箱子的大小可以逐步练习成扶手跳上箱子。

教学要求：

原地撑手开脚跳成骑乘做好后，再做助跑撑手开脚跳成骑乘。

教学关键

撑手的位置为跳箱远侧，以免因身体的重力造成手腕扭伤，做成骑乘姿势后可以做拍打马屁股的动作，以增加练习的兴趣。

P 助跑箱上前滚翻

双手撑距离自己身体最近的跳箱一侧，双脚用力蹬地后，低头，臀部抬高，在跳箱上前滚翻下。

教学要求：

踏跳有力，低头看肚脐，臀部高抬，教师跪在跳箱侧面帮助保护，一手护头，一手护臀部。

教学关键

用一层跳箱开始练习，两侧铺上和跳箱一样高度的垫子，熟练后降低垫子的高度，从而让孩子感觉跳箱高度没有发生变化。

Q 撑箱跳上成跪膝

手扶在跳箱上，双脚踩踏板，踏跳后双膝跪跳箱上。

教学要求：

双手伸直，支撑距离比肩稍宽。

教学关键

强调抬头挺胸，双手伸直。

R 跪膝跳下

跪膝在跳箱上（腰部或胸部左右高度），利用摆动手臂的力量向上跳起落地。

教学要求：

尽量在老师的协助下完成。

教学关键

迅速充分地摆臂，可先在垫子上做1~2次练习。

S 箱上平衡

4个孩子站在跳箱上手拉手成一个圆形，在保持身体平衡不掉落的情况下转动。

教学要求：

箱子四周放置海绵垫，在教师不帮助的情况下4人依次登上跳箱，然后在箱面上旋转1圈。

教学关键

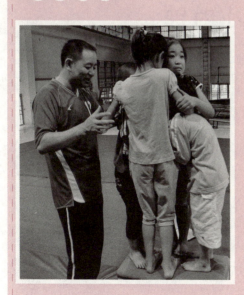

4人协调一致移动，教师在旁边用口令提示。

T 牵引跳跃

3人1组，2人站在跳箱上，分别牵住下面人的手，在下面这名孩子跳起的时候顺势上拉，以协助他直接跳过跳箱。

教学要求：

一次性跳过箱子。教师主要注意保护跳箱上的2名孩子。

教学关键

第一次教师不提示孩子，让他们自己做，如果发现有孩子会喊1-2-3跳的口令，加以表扬，鼓励其他孩子模仿。

U 我是小时钟

将脚尖（脚的背面）放在跳箱上，用胳膊支撑身体绕跳箱转一周。

教学要求：

手臂撑直，身体伸直。顺时针和逆时针旋转均可。

教学关键

情景植入，跳箱周围站12名孩子，当指针指到一定的位置时让孩子说出这代表了几点。

原地分腿跳跃横箱

手撑跳箱远侧面,分腿跳过。

教学要求:

根据幼儿水平,安排跳箱高度,最低可以2层,双脚起跳,起跳迅速有力,双手顺势下压,落地时并腿站稳。

教学关键

双手伸直,推手下压动作明显,教师示范时故意把跳箱往后拉倒,以增强学生印象。

W 跳上接转体180°跳下

跳上跳箱后,转体180°跳下(可正面跳也可背面跳)。

教学要求:

踏跳动作连贯,尽量往上方跳起,保持身体形态笔直,尽量落地站稳。

教学关键

身体紧张,重心贯穿双脚。充分体会空中转体,可先做原地跳起转体练习。优秀学生可在保护下做360°转体跳下。

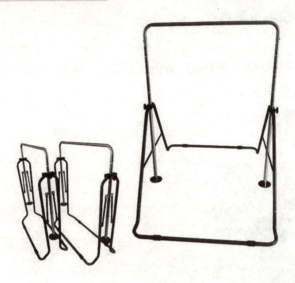

Ⓐ 烤香猪

双手抓住单杠的同时,双脚勾住单杠,使身体吊在单杠下。

多种玩法:

1. 一边数数,一边吊在单杠下。

2. 一边唱歌,一边吊在单杠下。

教学要求:

除特别肥胖的孩子外,其他学生均可完成该练习。对于无法完成的孩子,教师托住其臀部帮助其努力完成。对于其他可完成的孩子,还可以适当摇晃身体,以增加练习乐趣。

教学关键

排队等待的孩子可边等待边数数或唱歌。教师注意保护孩子,以防脱手掉下。

B 悬 垂

单杠高度要超过学生举起双手的高度,跳起后手握住单杠,伸直手臂舒展身体保持悬挂姿势。

教学要求:

双手正手握杠,下肢自然下垂,不要做憋气动作,时间不宜过长,5秒左右为佳,禁止超过10秒,不得比较谁的时间长。

教学关键

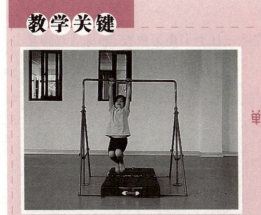

熟悉正手握杠,单杠教学前可简单做几次该练习。

C 大波浪小波浪(悬挂摆动)

在悬挂姿势下,让学生双腿尽量向前踢,身体伸展后,立刻恢复到原位,并重复此动作。

教学要求:

收腹举腿尽量往前送,复位迅速,双手紧握单杠。

教学关键

比较困难完成动作的同学,教师可适当推其臀部使其开始摆动,教师注意抓住学生一侧的手腕和单杆以防学生掉杠。熟练后可在前方设定标志物,使学生能触及标志物。

D 支撑击腿

撑杠跳上，双脚互击。

多种玩法：

1. 一边数数，一边双脚互击。

2. 跟着音乐节拍完成。

3. "杠上脚猜拳"：2人一组，撑杠跳上，用脚代替手玩石头剪子布的游戏（并腿为石头，交叉为剪刀，打开为布）。

教学要求：

体会杠上平衡，消除惧怕心理。首先练习杠上平衡可数数，熟练后双脚互击，最后进行石头剪刀布游戏。

教学关键

第一步杠上平衡的突破为关键，教师应该充分给予学生安心的保护方法和站位，以消除学生初始时的恐惧心理。

E 云中漫步（蹬自行车）

手握杠跳上，伸直手臂支撑身体，双脚做骑自行车的动作，或向左右移动。

教学要求：

支撑手臂和上肢保持稳定状态，左右移动的时候注意重心移动时机。

教学关键

双脚骑自行车动作完全掌握后再进行左右移动练习，特别强调不要低头看杠，目视前方。

F　前滚翻下

双手握杠支撑全身，向前弯曲身体，前翻落地。注意动作的缓慢，可在老师的协助下进行。

教学要求：

整个过程双手紧握杠，落地时注意不要用脚跟着地，落地点尽量靠近杠正下方。

教学关键

突破低头前倒的恐惧，要求双手紧握杠，教师保护时抓住学生的手腕，以防手脱杠。

G　长臂猿

用单手或双手抓住单杠后，双腿夹住单杠模仿猴子摇晃身体。可以将手或脚松开，做各种各样的姿势。

多种玩法：

1. 一边数数，一边抓住单杠。
2. 合着音乐节拍完成。

教学要求：

先用双手抓杠，然后用双脚夹杠，依次松开手或脚。

教学关键

强调趣味性，可在做的同时模仿猴子的叫声。

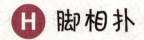
2人1组吊在单杠上，用脚使对方从单杠上掉落。不可以夹对方的脚，也不可以缠在对方的身上。教师注意保护。

教学要求：

教师必须在旁边保护，掉下来的孩子教师用双手接住。

孩子分组时要注意水平相当，可以分组比赛，以整组胜利多者为胜，队员的派遣由各组自行决定，以锻炼孩子的自我组织能力。

I 挂膝摆动

双手正手握杠，单腿膝关节挂在单杠上，用另一条腿的力量使身体前后摇晃。

多种玩法：

1. 一边数数，一边挂膝摆动。
2. 合着音乐节拍完成。

教学要求：

双手一定要握稳杠，尽量自己摆动身体，必要时教师可以稍微推其肩部使其小幅度摆动。

教师一手握住孩子的手和一手握住杠，这样至少可以保证孩子有一个手不会脱杠。通常可以让等待的孩子数数，完成后给予孩子掌声奖励。

J 杠上移动

多种玩法：

1. 双手抓住单杠，双腿夹住单杠，在杠下前后挪动身体。

2. 双手抓住单杠朝一个方向移动，保持右手先移动，然后移动左手（或左手先右手后）的顺序。

3. 左右手握住单杠，双手交替前进。

教学要求：

由简到繁，第一个动作掌握后再进行第二、三个动作的教学。

教学关键

在第三个动作的教学过程中教师注意保护。

K 空中作业（调换球的位置）

在单杠下有呼啦圈或绳子做成两个圆圈，在其中一个圈里放入一个球或小布包。

多种玩法：

1. 双手握住单杠，用脚尖夹住球将它移到旁边的圈里。

2. 改用双腿吊在单杠上，用手来调换球的位置。

教学要求：

换位过程中双脚不能落地，落地算失败。杠高设置为比学生身高略高。

教学关键

为了鼓励做不到的学生，教师可以适当抓住其双手使其不掉杠，但必须让学生自己用双脚完成物体的移动。对于特别肥胖的学生，教师可以双手抱紧其腋下帮助其完成。

L 杠下回环

双手握杠悬挂，两脚从杠下双手中间位置穿过后翻落地，然后双脚略蹬地从杠下穿回原位。

教学要求：

力求让学生自己完成。教学过程中先教前半部分，掌握以后，再让学生自己练习蹬地返回，独立完成。最好做到双脚不蹬地不触杠。

教学关键

教师站在侧面，一手握住孩子的手和杠，也可托住其肩膀，切忌提脚。杠高比儿童身高略偏低即可。

M 正手握杠跳上接前翻下

正手握杠跳上，身体向前旋转一周后落地。

教学要求：

跳上时手臂用力撑直，翻下时低头团身屈膝。

教学关键

动作相对比较简单，可让学生独立完成，对于惧怕向前翻下的学生，教师给予适当的保护，比如手轻轻托其背部，让学生安心。

N 正手翻上

双手正手握紧单杠，双脚前后开立，双脚用力向上蹬地的同时双手用力拉杠，仰面朝上，翻上杠面后呈杠上支撑动作。

教学要求：

分步教学，首先进行双手屈肘拉杠的练习，屈肘悬挂；其次屈肘向上踢腿，肚脐贴杠；最后练习完整动作。

教学关键

教师一手固定学生的手以防脱手，一手作为标志物放在杠上，要求学生踢腿到自己手的位置。对于不能独立完成者，在踢腿的瞬间适当托起其臀部。切忌踢脚。落地时一定注意下颚不要碰到单杠。

O 挂膝接手撑地下

双腿吊挂在单杠上，松开双手后摇晃身体。尽量往前后方向大幅度摇晃身体，然后等待其自然地停下来。停止后将双手撑在地面，松开双脚着地。

教学要求：

练习时是穿长裤季节，初次练习时或无法做到时，教师注意轻轻压住学生脚踝的位置，对于过于肥胖者可免做该练习。

教学关键

挂膝要牢固，教师保护必不可少，杠高在头部不触地和手可撑地的范围之内。

P 悬垂摆动接跳下

前后摇晃身体,利用摇晃时产生的惯性,跳下单杠。

教学要求:

指定落地点可以前后左右任意方向,但不要距离太远。

多种玩法:

1. 指定落脚点。
2. 尽可能往远处跳。

教学关键

悬垂摆动次数不宜太多,一般在3次左右。在进行往远处跳的练习时,教师在落地点后方进行保护以免学生后倒时导致不必要的受伤。

Q 支撑成站立跳下

撑杠状态下双脚踩杠跳下,尽量在教师的保护下完成。

教学要求:

本练习可以锻炼孩子的胆量,但幼儿园阶段孩子基本无法独立完成,教师需要站立一旁保护,让其自行跳下。

教学关键

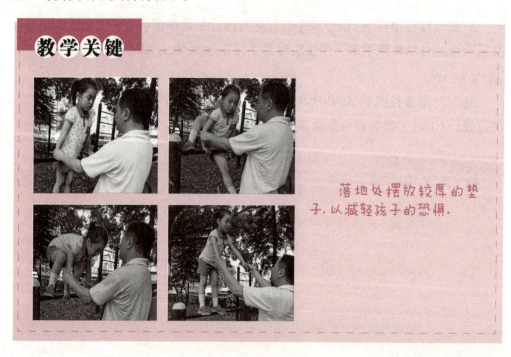

落地处摆放较厚的垫子,以减轻孩子的恐惧。

R 天旋地转

"烤香猪"动作状态下,双手交叉抓杠,放下两脚后身体悬垂自然旋转。

教学要求:

双脚放开时不要太快,以免旋转速度过快,造成手臂受伤。

教学关键

双手交叉握杠,手脚之间的距离不宜太远。

S 挂膝摆动成骑乘

单脚挂在双手间,利用另外一只脚摆动的力量使身体向上成骑乘。

教学要求:

挂膝摆动动作能够做得比较到位之后,教师在侧后成跪膝姿势,在学生向后摆动过程中顺势一手轻压摆动者的腿,一手托其背部辅助完成动作。

注意不要用力过猛,以免造成杠上停不住向前回环。

教学关键

摆动充分,撑起前后均要求手臂伸直。

T 支撑摆动接后跳下

杠上支撑姿势开始,前后摇晃双腿,当双腿摆到后面较高点时双手松开单杠,向后跳下。

多种玩法:

1. 指定落脚点。

2. 尽可能往远处跳。

教学要求:

杠高稍高,摆动充分,落地准确稳定。

教学关键

摆动时不要外力辅助,第一个练习可以比较看谁落地准和稳;第二个练习比较看谁落地远,但是注意落地时的保护。

U 蝙蝠侠

双腿挂膝悬吊在单杠上,松开双手使身体呈倒挂状,由慢到快地摇晃身体。以上动作熟练后,当身体摆到前面较高的位置时,松开两脚落地。教师注意保护。

教学要求:

该练习是在挂膝摆动和挂膝接手撑地下的练习充分完成之后的追加练习,让孩子在挂膝摆动到后面最高点状态时抬头挺胸,松开双脚。练习时教师跪膝在孩子的后方,一手托胸部,一手推其双脚,使其快速松开双脚落地。

教学关键

松开双脚的时机,教师给孩子的安全感比较重要。

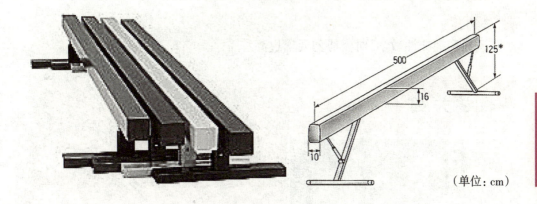

（单位：cm）

Ⓐ 前　走

以直立的姿势自然地向前走。尝试各种走路姿势，如用脚尖走、用脚后跟走、蹲着走。

教学要求：

趣味性教学，对姿势勿要求过高。

教学关键

以动物模仿的方式进行情景教学。

53

B 横 走

在平衡木横立,尝试各种姿势横着走,如用脚尖横着走、蹲下横着走等。

教学要求:

诱导和趣味性教学,对姿势勿要求过高。

教学关键

以动物模仿的方式进行情景教学.

C 猜拳过独木桥

两人在平衡木的两端面对面行走,遇上时进行猜拳,输的人跳下平衡木,赢的人继续前进。

教学要求:

本练习可以充分分散学生在平衡木上的恐惧心理。

教学关键

分组比赛会有较好效果.

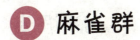

D 麻雀群

几个人一组在平衡木上,通过指令指挥他们,例如让他们坐下去或站起来等。

教学要求:

当班级中有非常恐惧平衡木的学生时可以多采用该练习,这样可以有效地带动不敢上平衡木的孩子。

教学关键

利用孩子的挑战心理,教师可以在旁边进行干扰。

E 钮螺丝

绕着高平衡木以跳过和下面穿过的方式螺旋前进。

教学要求:

大组教学时常采用的练习,集体的运动量较大。

教学关键

两组进行比赛的形式会让该项目更有趣。

F 斜坡走

平衡木的一端用跳箱等物品垫高成斜坡。

多种玩法：

1. 骑撑在平衡木上面从一端移动到另一端。

2. 站立姿势从平衡木一端走向另一端。

教学要求：

器材设置一定要安全，条件允许的情况下可以多个组合，组成上坡下坡的连续路线。但不宜为了追求刺激设置过高的斜坡。

教学关键

在水平状态下练习熟练后，可增加难度激发孩子的挑战心和趣味性。

G 飞 机

以平衡木为支点，学生俯卧在上面，与平衡木方向呈垂直姿势，保持身体平衡。

多种玩法：

1. 数数。

2. 合着音乐节拍完成。

教学要求：

静态的平衡能力练习能够锻炼幼儿小肌群的调节能力，由于幼儿小肌群发育较大肌群发育慢，应该常练习。

教学关键

分组的同时练习或增加比赛趣味性，通过数数，教师唱歌或讲故事能增加课堂气氛。

H 螃蟹走（两张平衡木）

在两张一定距离平行摆放的平衡木上，腹部朝下，双手和双脚分别撑在同一平衡木上，像螃蟹一样横着走。

教学要求：

平衡木之间的距离恰当，两平衡木之间放软垫。

动作比较简单，可整组连续通过或两组之间比赛。

I 螃蟹快速过独木桥

侧身站在平衡木上，快速侧滑步移动过平衡木。

教学要求：

与H项目类同，但要求快速移动。

教学关键

教师扮演螃蟹的天敌海獭，发现掉下的小朋友抓住他们，佯装吃的动作，注意有自闭症倾向的孩子，需要尽量让他们在被抓到之前自己爬上平衡木。

J 蜘蛛走（两张平衡木）

在两张一定距离平行摆放的平衡木上，腹部朝上，双手和双脚分别撑在同一平衡木上，像蜘蛛一样横着走。

教学要求：

平衡木之间的距离恰当，两平衡木之间放软垫。

教学关键

注意臀部不要低于平衡木，为增加趣味性，可告诉孩子平衡木之间有鳄鱼会咬屁股。熟练后可整组连续通过或两组之间比赛。

K 稻草人

以"金鸡独立"姿势单脚站在平衡木上，站稳保持平衡。

教学要求：

在低平衡木上练习，左右摆放软垫子，非支撑脚尽量抬高。

教学关键

为提高运动密度和减少等待时间，可同时安排5人横向站立练习和8人纵向站立练习。

L 骑马前进

跨在平衡木上,双手撑平衡木,腰部用力向前移动。

教学要求:

中班双脚可着地,大班双脚不着地练习。

教学关键

练习时多采用两组同时连续前进.

M 跨越障碍物

将障碍物放置在平衡木上,跨过障碍物通过平衡木。

教学要求:

障碍物随机,无须特意准备,可使用孩子的书包、水瓶等。

教学关键

一般以分组比赛的形式安排练习.

N 置换物品

将任意一件物品放置在平衡木的一端,拿着其他物品从平衡木另一端走过去将它换成其他物品,再回到出发点。

教学要求:

物品随机,无须特意准备,孩子的书包、水瓶和跳绳等均可,若提高难度可以使用硬币。

教学关键

一般以分组比赛的形式安排练习.

O 平衡木相扑

双方站在平衡木上相互推,直至将对手推下台为止。

教学要求:

低平衡木,两边摆放软垫子。双方都掉下平衡木的情况,以后掉下者为胜。

教学关键

可在大量运动后给孩子安排该项运动,两人一组比赛,非比赛孩子可以得到适当休息.

Ⓟ 四肢行走（山羊走钢丝）

手脚同时在平衡木上用四肢行走。

教学要求：

低平衡木,两边摆放软垫子。手脚距离可近一些。

教学关键

行走时要抬头看前方。

Ⓠ 持球走

双手拿球直立向前走。

教学要求：

可一个球,也可两个或三个球。

教学关键

比赛运球时可以一人直接运过平衡木或平衡木上两人交接的方式进行。

R 快速过独木桥

以在平衡木上不掉下为前提,较快速度跑过平衡木,熟练后可拿球或两人一组同时通过。为保证安全,可在平衡木上铺上垫子。

多种玩法:

1. 蹲下身体左右手抛球前进。

2. 直立左右手抛球前进。

3. 地面拍球,横向前进。

此项目为对平衡木非常熟练后的练习项目,除第三个玩法,其余两个方式的平衡木下面均摆放软海绵垫,第三个采用横向移动的方式拍球通过。

分两组进行比赛,如果掉球要求在掉下的位置重新进行。

教学要求:

同Q项目中的持球走要求相同,但要求快速走。

教学关键

目视远处一气通过,不要停留。若再提高点难度,可结合球类做,如玩球过平衡木。

站在平衡木上,一边玩球一边通过平衡木。

S 支撑过平衡木

多种玩法:

1. 双手和腹部与平衡木形成直角状态支撑在上面,用腕力支撑整个身体。通过挪动手臂让身体侧着前进。

2. 双手双脚挂在平衡木上,前后移动身体。

3. 将两张平衡木中间留出30~40 cm的空隙,平行摆放。平衡木的最佳高度在60 cm左右。双手支撑在平衡木之间使身体垂悬在两张平衡木之间,前后左右摇晃身体,或向前移动。

教学要求:

高平衡木上进行,下面摆放软垫子。

教学关键

教师适当保护,以防幼儿从平衡木上摔下。

T 海 豹

面向前进方向,俯卧在平衡木上,像海豹一样,靠手臂力量向前移动身体。

教学要求:

膝关节和踝关节伸直,可穿体操鞋或袜子进行练习,切忌赤脚,移动时抬头向前看。

教学关键

可两人连续进行.

U 缆 车

在低平衡木上的、针对大班幼儿练习双手支撑力、手脚协调力的体育活动。

多种玩法:

1. 做俯卧或仰卧姿势,双手撑在地面以支撑身体,双脚放在平衡木上,左右移动身体。

2. 做俯卧姿势,以20 cm为间隔摆放数个高为15 cm以上的积木,双脚依然放在平衡木上,双手撑在积木上移动身体。

教学要求:

低平衡木上完成,在完成第一个练习后再进行第二个练习的安排。

教学关键

力量要求较高,是大班的主要练习项目。

Ⓥ 单腿跳

在平衡木上单腿跳。

教学要求：

低平衡木,两边摆放软垫子。不要求速度,以不掉下平衡木为主。

教学关键

教师站在终点处,要求孩子看前方,不要看脚下。

Ⓦ 平衡木上前滚翻

并排摆放两张平衡木(或体操凳),在平衡木上铺上垫子后做前滚翻动作,翻滚起身时用双腿夹住平衡木。练习熟练后可试着在一张平衡木上进行练习,翻滚后也可起身站立。

教学要求：

低平衡木上进行,先用两个并排摆放的平衡木练习(体操凳只需要一个),完成后采用单个平衡木练习,平衡木上垫上垫子,采用薄而软的瑜伽垫。下面用软海绵垫。

教学关键

低头团身,直线滚翻,教师在旁保护,可在垫子上贴胶布进行辅助练习。

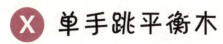 **单手跳平衡木**

单手扶在台上跳平衡木，左右手交换着进行（如果直接跳过去有些困难，可以先从平衡木上往下跳开始）。

教学要求：

低平衡木，手不离开平衡木。

眼朝前看，双脚屈膝跳起。

 轮流跳

两人手拉手，一人站在台上，另一人站在台下，两人轮流跳上去跳下来。

教学要求：

两侧不要摆放过于柔软的海绵垫，以免影响跳跃。

教学关键

跳跃时孩子同时喊口令"1-2-3，跳！"两人齐心协力完成。

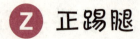

Z 正踢腿

　　侧着抬起手臂，一条腿站直，另一条腿向前踢腿，在空中稍停片刻后放下，将腿向前迈出，前进一步。双腿轮流交替缓慢前进。

教学要求：

　　上体不要摇晃，踢腿高度不做过高要求，力所能及即可。

教学关键

　　强调身体姿势的正确，目视前方，躯干挺直。

A 转 球

单人训练,用手转球。可采用站立姿势转球,也可采用坐姿转球。

多种玩法:

1. 站立姿势,双手或单手拨球绕脚顺时针或逆时针转。

2. 膝盖部转球。不熟练时可以贴膝部。

3. 绕着腰转球。不熟练时可以贴身体。

4. 坐姿转球。可以加上开腿闭腿的动作。

5. 单腿抬起,球绕着膝盖转球。

6. 坐姿抬起双腿,绕着膝盖转球。

教学要求:

转球过程中,球的滚动或者移动要流畅;双手与肢体要协调配合。

教学关键

采用示范与讲解相结合的方式,由简到难;首先徒手讲解身体姿势,然后再持球讲解。

B 传 球

6~8人站成1个圆形,按顺序传球。也可从头顶传或胯下传,横着传或向后传。

教学要求:

首先教师要根据学生人数与场地情况合理安排练习者的站位,并明确传球路线及顺序。

教学关键

正确示范传球的方法与方向。在练习过程中要提醒保持队形。

C 换球比赛

6~8人组成2~4组。

首先,在距离始发点15~20 m处,各组分别画两个直径为30 cm的圆圈,在第一个圆圈里放一个大球,第二个圆圈里放上红色或白色的球。

发出命令后,每组第一名孩子跑过去将两球的位置进行对换,对换完后换下一个孩子。最后一个孩子完成后,用时最短的队伍获胜。

教学要求:

首先讲解比赛规则,然后每组抽取1名学生按规则要求做一次示范。

教学关键

组织要合理规范,比赛过程中注意维持秩序。

D 滚 球

多种玩法:

1. 孩子们站成一个圆形,老师站在圆心。老师按顺序将球滚到孩子面前,孩子则按原路将球滚回老师处。

2. 两人一组,以3 m的距离面对面地站好。两人轮流将球滚到对方处。练习熟练后可逐渐加长两人的距离。

教学要求:

首先教孩子如何滚球,然后让孩子按照合理间隔围成一个圆圈,教师在圆心逐个进行滚球练习。

教学关键

要明确球的滚动路线——直线滚动,注意孩子滚动时的手形。

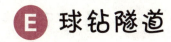 E 球钻隧道

孩子们劈开腿站成一排,形成一个小隧道。两端的孩子面向里侧,将球滚向他们做的隧道里。

教学要求:

首先要孩子练习正确的直线滚球方式,在分腿做隧道姿势时注意小朋友们动作的统一性与规整性。

教学关键

直线滚球;搭隧道时的团队配合。

F 保龄球

先将靶子(保龄球瓶、空瓶、小积木)随意摆放或堆放起来。然后在距离2~3 m处让孩子将球滚出,将它们击倒。

教学要求:

首先分组练习孩子持球滚球方向的可控性,然后让其掌握滚动球的速度及撞击力。

教学关键

球击打靶子的准确性与力度;孩子摆放靶子过程中的创造力。

G 扔 球

将孩子分成两组,画上两条投球线将他们隔开。刚开始,把一些球放于两条线中间,准备好后两个队捡球并互相扔球,宣布结束时,哪方线后球少者为胜。

教学要求:

选择场地要适当,最好为长方形;不能向对方躯干以上部位攻击性掷球。

教学关键

在比赛过程中教师要维持秩序,提前预判并及时警告孩子们练习过程中的危险动作。

H 拍 球

(单人玩法)

1. 双手拍球——接球,拍一次,接一次,多次重复。

2. 单手拍球,双手接球。拍一次,接一次,多次重复。

3. 双手连续拍球。

4. 单手连续运球。

5. 边走边拍。

6. 右(左)手拍球,听教师口令后改用左(右)手。

7. 右手与左手交替拍。

8. 拍球时抬起一条腿,胯下拍球一次,然后再继续拍球。

(两人玩法)

两人相距1~1.5 m站成一组,依次完成以上动作后将球传给对方。

教学要求:

从双手拍球——接球开始,逐步教孩子熟悉球性,并能准确地判断拍球后球的运动轨迹。

教学关键

示范准确,单个儿童练习与多个儿童练习相结合。

I 踢 球

将球放在孩子脚前,让他们向前踢球,然后追上后将球停住。熟练后可以不停球,边踢边追。

教学要求:

首先教孩子踢球时脚与球的接触部位,再教一步一轻踢,最后踢球力量由小到大逐步进行。

教学关键

合理组织孩子们的练习方向与间隔.

J 手拉手踢球

5~6人一组,手拉手站成一个圆圈,放一个球在圈内让孩子们互相踢,要注意不可以松手。

教学要求:

在直线踢球的基础上进行教学。

教学关键

锻炼孩子们的手脚协调能力与团队协作能力.

K 穿越雷区

6~8人一组共三组,并准备3~4个大球。三组中的两组相隔5 m左右面对面站立,让其中一组手拿球。听到口令后,两组的孩子互相自由滚球,剩余一组的孩子在不让球碰到的情况下从中间穿过去。穿过一定的次数后,队员交替练习。

教学要求:

相对站立的两组只能用相互滚动的方式传球,并提醒穿过滚球区的孩子注意躲避。

教学关键

首先教两组滚球的孩子如何判断球的行进路线并滚球碰撞,然后确定两组传球者的位置不能随意移动。

L 小羊顶球

多种玩法:

1. 用头顶大球。

2. 顶球接力。将孩子分成几组,每组最前排的小朋友站在同一起跑线上,将球放在线前,并蹲下做准备。听到口令后,最前排的小朋友开始双手持球放于头顶,跑到对面前端线后返回将球交给下一位小朋友,依次轮换接力直至最后一名孩子完成,最快的一组获胜。

教学要求:

教师讲解接力要求,并指定某个小朋友示范;比赛中不能越线接球。

教学关键

孩子们的顶球跑动能力。

Ⓜ 轮流拍球

两人一组，准备一个弹性好且轻的大球。一人唱着《春天在哪里》等歌曲，边拍手边走动，另一人拍着球紧跟唱歌的小朋友，两人在适当的时机交替（规定歌词的某一个时间点）。

教学要求：

首先教会孩子在拍球走的过程中的传接球能力，然后再练习其注意力分散以后的拍球与传接球能力。

教学关键

在孩子们具有较好的拍球控制能力的基础上进行，两名孩子要配合好。练习中孩子要调控好间隔距离。

Ⓝ 踢球击物

多种玩法：

1. 将2~3个空瓶或小积木并排摆放，或者摆成三角形作为目标物。在距目标物3~4 m处画一条踢球线，把球放在线上，踢球击倒目标物，记下击倒个数。

2. 在踢球线后一米处设为起跑点，发令后，助跑踢球击物。

3. 老师在踢球线将球慢慢地滚出，孩子从起跑点出发，跑着踢球击物。

教学要求：

要选择孩子们适宜踢击的球，且被踢击的目标物应为安全物体（不要使用玻璃瓶或者尖锐的物体）。

教学关键

原地踢球—助跑踢球—追逐踢球三种练习方式依次进行。在练习追逐踢球时，球的滚动速度由慢到快，渐进练习。

O 抢球游戏

两人一组,一人边拍球边跑,另一人一边追赶一边试着从对方手中夺球,夺取成功后双方交替。

教学要求:

合理组织,两两之间依次进行,防止练习中相互间影响。

教学关键

在幼儿熟练拍球走技术的基础上进行,告知参与者在抢球的过程中尽量减少两人的身体接触,抢球不推挡人。

P 投球游戏

几个人分成两组,挂上球网进行比赛。教师发给每人红白两种颜色的球各一个,孩子待教师发令后,将球投进对方区域里,并将对方扔过来的球扔回去,在规定时间内本区域内球多的一方为负。可用报纸做成棒球大小纸团。

教学要求:

球的制成材料应较轻且弹性较弱,网的高度应略高于参与者身高。

教学关键

明确规则,合理安排比赛时间。

Q 射击游戏

多种玩法：

1. 在门前或特制球门前，选一个孩子来当守门员，其他孩子在投球线处站成竖排。从头开始一个接着一个朝守卫门投球。最后一个投完后，换其他小孩当守门员继续该游戏。

2. 瞄准小圆圈

在墙壁上或板子上画一个小圆圈，放在 3 m 远处，瞄准小圆圈扔球。

3. 命中吊球

在三米高的地方悬吊一个球，瞄准悬吊球扔球。

教学要求：

在投球入门时，注意门的安全性，以免对守门的幼儿造成伤害。

教学关键

首先要锻炼孩子们投掷的准确性，再按照要求向指定目标投球。

R 打野鸭

将小朋友分成两组，一组为内场，一组为外场。内场选手分散在圆圈内，外场选手手持球（1~2个）站在圈外。发令后，外场选手向内场选手投球，内场选手不能触球，否则将被淘汰。一轮后，双方交替。

教学要求：

练习圆圈的直径应在6米左右，并根据人数多少适当调整，不能用球击打躯干以上部位。

教学关键

圈外幼儿以适当的间隔围圈站立，圈内幼儿根据球的位置来判断调整自己的位置。

S 足球游戏

多种玩法：

1. 两人一组，练习传球。

2. 两组（每组5人左右）成员面对面隔开大约2米，进行传球练习。

3. 4人左右一组，将球踢出去后，一起追赶。追上球的人再次踢出去，再次一起追赶。如此重复数次。

4. 8人左右手拉手站成一个圆形，进行圈内传球练习，不要将球踢到圆圈外。

5. 足球模拟赛：每队5~6人，进行足球模拟赛。每队成员扎上同颜色的头巾（准备两种颜色的头巾），以示区别。

教学要求：

场地适当，组织合理，并根据幼儿年龄的大小调整比赛或练习方式。

实践篇 运动项目选择

教学关键

幼儿要有一定的脚踢传球基础。

T 点名接球

大家站成一个圆形，每人在自己周围再画一个小圆圈，站在圈内。先指定一名点名者，让他持球站在圆心处。点名者随意叫出一人的名字，同时将球向上抛，快速回到自己原来的位置。被点名者迅速跑到圆心处接住球成为下一名点名者。

教学要求：

根据儿童年龄调整圈的大小，球不宜过硬、过重。

教学关键

先让孩子们练习原地向上抛球，使球的运行轨迹尽量直线上下。

1-6　呼啦圈运动

A 穿呼啦圈

多种玩法：

1. 双手抓住呼啦圈，先由头到脚穿过，再从脚到头穿过。

2. 1组6~8人站成一列，将6~8个呼啦圈放在最前列，当喊"开始"后，最前面的小朋友由头到脚穿过呼啦圈后，递给后面的小朋友，当最后一个小朋友穿过全部的呼啦圈后游戏结束。

教学要求：

必须自己抓住圈自己穿过，然后传递给下一个小朋友。

教学关键

间隔适当，做完练习的同学要求立刻坐下，控制好现场纪律。

B 跳呼啦圈

多种玩法：

1. 将8~10个小呼啦圈（直径为40 cm）摆成一列，两腿并拢从一个呼啦圈内连续跳到另一个呼啦圈内，双腿跳熟练后再尝试单腿跳。

2. 将8~10个小呼啦圈和大呼啦圈（直径为60~80 cm）混合摆成一列，并腿双腿跳或单腿跳。呼啦圈不仅可以摆成直线，也可以摆成弧形等其他曲线。

3. 将大呼啦圈放在小积木上离开地面，以30 cm间隔摆放6~8个呼啦圈成一排。让孩子从一个圈连续跳向另一个圈。先跳进呼啦圈，再跳出呼啦圈，重复着前进至最后。

4. 交替摆放大小呼啦圈20个，在圈内进行单脚跳、单脚跳、双脚落地的练习。

教学关键

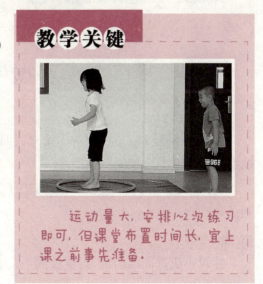

运动量大，安排1~2次练习即可，但课堂布置时间长，宜上课之前事先准备。

教学要求：

无须过多讲解，教师直接示范即可。此运动的运动量较大，做完一组，注意充分休息。

C 滚呼啦圈

多种玩法：

1. 用力向前滚动呼啦圈。

2. 向前滚动呼啦圈，在呼啦圈倒下之前迅速跑过去抓住呼啦圈，两人隔开一定距离面对面站立，将呼啦圈滚向对方的正前方。对方接住后再滚回来，熟练后使用两个呼啦圈，同时相互滚动。

教学要求：

针对小肌群训练的练习，建议同一个课程中穿插强度稍大的练习。

教学关键

评比的时候要求滚的线路直，距离越远越优秀。

D 抛呼啦圈

多种玩法：

1. 两人隔开 2 m 左右面对面站立，使用小型呼啦圈一人抛，一人接，交替进行。熟练后可以适当增加隔开的距离。

2. 在垫子上摆放积木，站在离垫子 1 m 处，用双手抛呼啦圈，套到积木为胜利。

教学要求：

针对小肌群训练的练习，建议同一个课程中穿插强度稍大的练习。

教学关键

分组轮换比赛，计算每组成功次数。

E 钻呼啦圈

多种玩法：

1.两人一组，一人拿呼啦圈一人钻过去。听到口令后钻，或者合着音乐节拍钻过去。两人轮换练习。

2.6~7人一组，每人拿一个呼啦圈并列站立。尽量使呼啦圈倾斜，让对方必须低着头钻。进行4~5次后，改变呼啦圈的摆放角度再钻。完成规定次数后，拿呼啦圈与钻呼啦圈的小朋友交替进行。

教学要求：

强调团结合作，互相配合。

实践篇 运动项目选择

> **教 学 关 键**
>
> 突出对方配合的重要性，比赛的同时给孩子们商量战术的时间。

F 快速钻呼啦圈

立着拿呼啦圈，松开手后在呼啦圈倒下之前迅速钻过去。掌握窍门之后可由老师慢慢将呼啦圈滚出去，让孩子在呼啦圈倒下之前迅速钻过去。

教学要求：

初次练习不一定能成功，先给孩子自己练习的时间后分组比赛。

> **教 学 关 键**
>
>
>
> 教师示范后，经过简短练习会有比较优秀的小朋友能独立完成，请出他们做示范，并现场采访心得，从而让其他孩子学习。

Ⓐ 过 河

多种玩法：

1. 将两条绳子平行摆放，让孩子不要踩到绳子跳过去。

2. 将两条绳子一端的距离逐渐加宽，从窄的地方开始跳到宽的地方。

3. 变换绳子的高度，可改用橡皮筋。

教学要求：

为发展孩子的跳跃能力，可用长绳。

教学关键

分组跳跃时可降低难度，分组练习后，小朋友比较累，可以进行单人挑战距离较长或高度较高的练习，方便轮流休息。同时进行个人的挑战练习，可以提高成绩较好的学生兴趣和成绩较差的学生努力欲望。

Ⓑ 渡 绳

多种玩法：

1. 把绳子摆成自己喜欢的形状，踩在上面走。熟练后在上面跑，或是让绳子在两腿和双手中间爬着走。

2. 把绳子摆成圆形，从一个圆到另一个圆，可以走、跑、跳或是爬。

3. 将几条绳子竖直摆放，踩在绳子上或是绳子中间走，用双脚跳，或单脚跳。先是正常方式向前走，熟练后可以横着走、跑，在绳子间跳或是曲线跑。绳子间的距离可以根据需要调整。

教学关键

不能强调速度，要求稳和慢，依次进行。

教学要求：

该练习主要锻炼小孩的小肌群以及平衡能力，可穿插在运动强度较大的项目中共同教学。

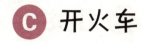

C 开火车

将绳子两端打结后两人进入绳圈内,分别扮演司机和列车员的角色,进行开火车游戏。当两人的配合变得默契后,可以载乘客跑。

教学要求:

小班教学中使用比较多。可培养集体行动能力。

教学关键

把小朋友分散在场地各处,移动到小朋友面前载他们继续前行。

D 跳波浪

两人分别抓住绳子的一端,贴在地面上的同时左右摇晃绳子,并同时向两侧移动。其他的孩子躲过绳子或是在不碰绳子的情况下跳过绳子。等熟练后,可有节奏地左右摇晃,让孩子进行来回跳跃。

教学要求:

跳绳教学初始期常用练习。该游戏难度小,可培养孩子行动的敏捷。

教学关键

双人拉长绳摇摆,小朋友排队通过,通过后小朋友的排队位置需事先说明,不然将会导致混乱。

E 小蛇跳

多种玩法：

1. 两人握绳，一人左右轻轻摇晃绳子，其他人跳过去。

2. 两人握绳，一人上下轻轻摆动绳子，其他人跳过去。

教学要求：

跳绳教学初始期常用练习。该游戏难度小，可培养孩子行动的敏捷性。

教学关键

双人拉长绳摇摆，小朋友排队通过。通过后小朋友的排队位置需事先说明，不然将会导致混乱。

F 钻绳子

多种玩法：

1. 两人面对面站立，抓住绳子的两端，不停变化绳子的高度，其他人（1人或2~3人手拉手）在身体不触碰绳子的情况下从绳子下面钻过去，前屈着身子钻过去或仰着头钻过去。在熟练后绳子的高度慢慢降低。

2. 正常摇绳状况，看准时机从绳子下穿过。

教学要求：

培养孩子对进入动态绳子时机的把握，根据熟练程度可2~3人同时进入。

教学关键

教师和孩子同时喊口令，如"机会"或"走"等。

G 跳短绳（双脚正跳）

多种玩法：

1. 双手分别抓住绳子两端，向前摇绳，双脚跳。
2. 单跳（回旋一周跳1次）。
3. 双飞燕（回旋一周跳2次）。

教学要求：

由简到繁，按照能力分出3个级别的组，各组进行难度不同的练习，水平上升了，可以升级到上一组，连续几次安排该系列练习，连续进行4次左右。

教学关键

技术性要求较高，教师示范必须到位而且多次示范。

H 跳短绳（边跑边跳）

双脚跳绳熟练之后，练习边跑边跳。

教学要求：

熟练掌握原地跳之后的发展练习。

教学关键

必须仔细确认场地安全，可以在场地往返做或绕圈做。此运动的运动量大，要注意安排每个人之间的间隔并调整强度。

I 跳短绳（双脚反跳）

反摇绳。

教学要求：

适宜大班教学，是在掌握正跳之后的练习。

教学关键

后摇技术和跳的时机是关键，可以分开教学，先进行双手摇双绳，熟练之后再完整教学。

J 跳长绳（集体跳）

教师和另外一名比较熟练的学生共同摇绳，其他学生分批跳绳。

教学要求：

在所有学生基本掌握了跳绳技术后再进行教学，让他们体会集体跳绳的快乐。

教学关键

由简到繁，2人一组开始逐渐增加人数。

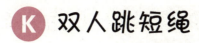 K 双人跳短绳

多种玩法:

1. 两人面对面共同跳,在另一个人跳绳时,抓住时机进入里面,之后两个人一起跳。

2. 并排共同摇绳共同跳。

教学要求:

注重双人配合,在合作中找到快乐。

教学关键

水平较高者摇绳,面对面跳。

L 单腿跳短绳

抬起一条腿,练习单腿跳。

教学要求:

双脚交换练习,不可单练一侧腿。

教学关键

开始次数不要过多,而是要求质量。

1-8 木棍运动

A 跳过木棍

多种玩法：

1. 将木棍并排摆放后，在木棍之间跳着前进。最初练习时每次跳一根，慢慢跳，熟悉后有节奏地数拍子向前连跳2次，无拍子跳1次，如此重复。还可以尝试前跳、侧跳、后跳等多种跳法，也可以两个人手拉手配合着一起跳。

2. 将木棍摆成放射状，大家一边喊"1、2、3"，一边向同一个方向同时运动，可跑、蹦、跳。还可以制定一些规则，如被抓到或踩到木棍就输等。

教学要求：

要选择两端粗细一致、较直、表面光滑的棍子；木棍摆放位置要与障碍物有一定距离。

教学关键

教师示范并领做，由简到繁依次进行。

B 踩木棍过河

将木棍随意摆放，赤脚踩着木棍前后，或者左右变换着方向移动。

多种玩法：

1. 将木棍纵向排列，排列得越长越好。
2. 保持一定的间距横向排列木棍。
3. 摆成放射状。
4. 随意地摆放。
5. 孩子分成数组，让他们自己自由摆放。

教学要求：

要选择两端粗细一致、较直、表面光滑的棍子；地面要平坦。

教学关键

锻炼幼儿的平衡能力与脚底肌肉的感觉，并让孩子们根据自己的能力创造性地摆放木棍并在木棍上行走。

C 立 棍

多种玩法：

1. 持木棍平衡走。

    ① 单指或双指顶木棍。

    ② 单指或双指横托木棍中央。

    ③ 木棍放在头顶上。

    ④ 木棍放在后背上面。

    ⑤ 手持木棍放在腹前行走。

熟悉上述动作后，可以一边走一只手将棍子绕着身体传到另一只手上，也可边走边用双手将棍子举高举低。

2. 将木棍立在地面上，松开后快速拍手，在木棍要倒下前抓住，看谁拍手次数多。

3. 将木棍立在地面上，松开后绕棍子跑，在木棍要倒下前抓住，看谁跑的圈多。

教学要求：

不同的游戏方式要选择适宜的木棍；棍子不宜过重；教师先示范讲解然后孩子们再练习。

教学关键

锻炼孩子们的持物平衡能力及其反应速度。

D 钻木棍

两人拿木棍（变换着高度），其他人可以仰头或弯腰钻过木棍。

教学要求：

根据幼儿身高及其练习的情况调整木棍高度，由高到低；拿木棍的两位儿童应使木棍两端处于水平位置。

教学关键

锻炼幼儿的腰腹部柔韧性及其肢体的控制能力。

E 木棍相扑

两个人拿同一条木棍,通过推或拉木棍的方式让对方失去平衡。

教学要求:

明确拿木棍的位置及其方式,避免被木棍挫伤。

教学关键

锻炼肢体的力量、协调能力与平衡能力。

F 骑马比赛

5人为一组,骑在同一条木棍(棍长2 m)上,最先达到终点(行进总距离约5 m)的一组获胜。

教学要求:

骑棍时,棍的任何一端不准触及地面,每组必须有两人以上队员在胯下手握棍。

教学关键

锻炼幼儿协调能力、团队配合能力与有障碍情况下的跑动能力。

运动项目指导阶段表

2-1　垫子项目各阶段指导表

垫　　　子	2~3岁	中　班	大　班	小　学
A. 不倒翁	○	○	○	○
B. 滚圆木	○	○	○	○
C. 烤红薯	○	○	○	○
D. 软骨虫	○	○	○	○
E. 肩肘倒立(宝塔)	○	○	○	○
F. 企鹅走	○	○	○	○
G. 跳跃	○	○	○	○
• 开脚跳	○	○	○	○
• 开脚—并脚跳	○	○	○	○
H. 前滚翻(斜坡前滚翻)	○	○	○	○
• 单手前滚翻	○	○	○	○
• 无手前滚翻	○	○	○	○
• 双人一组	○	○	○	○
I. 头手倒立			○	○
• 青蛙状头手倒立			○	○
J. 单脚跳上垫子(2层垫子)			○	○
K. 跳越障碍物			○	○
L. 摇篮(2人组)	○	○	○	○
M. 跪膝跳起			○	○
骑自行车	○	○	○	○
抱膝侧滚	○		○	○
后滚翻(斜坡后滚翻)		○	○	○
桥			○	○
抢垫子	○		○	○
穿隧道	○	○		○
开脚前滚翻			○	○
前滚翻接跳起				○
鱼跃前滚翻(1~2年级)				○
开脚后滚翻			○	○
行进中前滚翻			○	○
跳山羊			○	○
前滚翻接后滚翻			○	○
保护帮助倒立(2~3年级)				○
侧手翻(1~2年级)				○
直腿后回环(2年级)				○
倒立接前滚翻(2~3年级)				○

跳　　　箱	2~3岁	中　班	大　班	小　学
A. 穿越障碍	○	○	○	○
B. 跳上练习	○	○	○	○
C. 跨越跳箱	○	○	○	○
D. 向前跳下	○	○	○	○
E. 扶箱背向跳下	○	○	○	○
F. 脚碰脚跳下		○	○	○
G. 拍膝跳下		○	○	○
H. 跳上跳箱(单手、双手)	○	○	○	○
I. 拍手跳下(1~3次)	○	○	○	○
J. 助跑跳上接跳下		○	○	○
K. 步步高升			○	○
L. 踩石头过河(2~3次)	○	○	○	○
M. 侧面跳上接跳下	○	○	○	○
N. 撑手侧跳		○	○	○
O. 撑手开脚跳成骑乘(纵箱)			○	○
P. 助跑箱上前滚翻翻(手撑垫子)		○	○	○
Q. 撑箱跳上成跪膝		○	○	○
R. 跪膝跳下				○
S. 箱上平衡(3~4人)			○	○
T. 牵引跳跃			○	○
U. 我是小时钟				
V. 原地分腿跳跃横箱(1~5层、纵)		○	○	○
W. 跳上接				
拍腿跳下		○	○	○
箱上前滚翻(1~3层、纵)			○	○
撑手背向跳下		○	○	○
转体跳下(90°~180°)		○	○	○
开脚跳(横)				○
单手跳				○
箱上后滚翻(2~3年级)				○

2-3 单杠项目各阶段指导表

单　杠	2~3岁	中　班	大　班	小　学
A. 烤香猪	○	○	○	○
B. 悬垂	○	○	○	○
C. 大波浪小波浪（悬挂摆动）	○	○	○	○
D. 支撑击腿	○	○	○	○
E. 云中漫步（蹬自行车）	○	○	○	○
F. 前滚翻下	○	○	○	○
G. 长臂猿	○	○	○	○
H. 脚相扑		○	○	○
I. 挂膝摆动		○	○	○
J. 杠上移动		○	○	○
K. 空中作业（调换球的位置）		○	○	○
L. 杠下回环			○	○
M. 正手握杠跳上接前翻下		○	○	○
N. 正手翻上		○	○	○
O. 挂膝接手撑地下			○	○
P. 悬垂摆动接跳下			○	○
Q. 支撑成站立跳下			○	○
R. 天旋地转			○	○
S. 挂膝摆动成骑乘			○	○
T. 支撑摆动向后跳下			○	○
U. 蝙蝠侠			○	○
杠上脚猜拳	○	○	○	○
挂膝回环（1~2）前·后			○	○
反弓上杠（1~3）				○
钻隧道				○
电缆车				○
手撑地走				○

平 衡 木	2~3岁	中 班	大 班	小 学
A. 前走			○	○
B. 横走			○	○
C. 猜拳过独木桥			○	○
D. 麻雀群			○	○
E. 钮螺丝		○	○	○
F. 斜坡走			○	○
G. 飞机	○	○	○	○
H. 螃蟹走(两张平衡木)			○	○
I. 螃蟹快速过独木桥 　　青蛙跳			○	○
J. 蜘蛛走(两张平衡木)			○	○
K. 稻草人			○	○
L. 骑马前进			○	○
M. 跨越障碍物			○	○
N. 置换物品			○	○
O. 平衡木相扑			○	○
P. 四肢行走(山羊走钢丝)			○	○
Q. 持球走		○	○	○
R. 快速过独木桥			○	○
S. 支撑过平衡木			○	○
T. 海豹			○	○
U. 缆车			○	○
V. 单腿跳			○	○
W. 平衡木上前滚翻			○	○
X. 单手跳平衡木		○	○	○
Y. 轮流跳		○	○	○
Z. 正踢腿				

2-5 球类运动项目各阶段指导表

球 类 运 动	2~3岁	中 班	大 班	小 学
A. 转球			○	○
B. 传球（头顶、胯下）			○	○
C. 换球比赛			○	○
D. 滚球			○	○
E. 球钻隧道			○	○
F. 保龄球			○	○
G. 扔球			○	○
H. 拍球			○	○
I. 踢球			○	○
J. 手拉手踢球			○	○
圆圈内躲避球			○	○
脚垒球			○	○
踢足球			○	○
K. 穿越雷区		○	○	○
L. 小羊顶球			○	○
M. 轮流拍球			○	○
N. 踢球击物		○	○	○
O. 抢球游戏			○	○
送球				
● 放背上			○	○
● 用脚夹			○	○
接球				
● 跑着接			○	○
● 抬高接			○	○
P. 投球游戏			○	○
Q. 射击游戏			○	○
R. 打野鸡			○	○
S. 足球游戏			○	○
● 狐狸和松鼠			○	○
T. 点名接球			○	○
● 拍球			○	○

2-6 呼拉圈项目各阶段指导表

跳　　　箱	2-3岁	中　班	大　班	小　学
A. 穿呼拉圈		○	○	○
B. 跳呼拉圈		○	○	○
C. 滚呼拉圈		○	○	○
D. 抛呼拉圈		○	○	○
E. 钻呼拉圈		○	○	○
F. 快速钻呼啦圈		○	○	○

2-7 跳绳项目各阶段指导表

跳　　　　绳	2~3岁	中　班	大　班	小　学
A. 过河			○	○
B. 渡绳			○	○
C. 开火车			○	○
D. 跳波浪			○	○
E. 小蛇跳			○	○
F. 钻绳子			○	○
G. 跳短绳（双脚正跳）			○	○
H. 跳短绳（边跑边跳）			○	○
I. 跳短绳（双脚反跳）			○	○
J. 跳长绳（集体跳）			○	○
K. 双人跳短绳			○	○
L. 单腿跳短绳			○	○
跨绳			○	○
双臂交叉跳			○	○
双重跳			○	○
向后跳			○	○
踩线跳			○	○

2-8　木棍项目各阶段指导表

跳　　　箱	2-3岁	中　班	大　班	小　学
A. 跳过木棍	○	○	○	○
B. 踩木棍过河	○	○	○	○
C. 立棍	○	○	○	○
D. 钻木棍		○	○	○
E. 木棍相扑		○	○	○
F. 骑马比赛		○	○	○

幼儿体育活动课例参考

课程名	体育游戏		教 师	陈洪淼　石桥满		
时 间	2015年12月1日		时 长	30分钟	次 数	第一次
会 场	华侨大学尤梅幼儿园	年 级	大 班	人 数		30人以内
目 标	通过各种集体游戏培养孩子们交友的能力,让孩子们学会在遵守游戏规则的前提下和朋友们快乐地玩耍。					

阶段	项 目	内 容	注 意 点	时间
引 入	坐姿比赛	列队,声音洪亮地和孩子们互相问好。	安排位置。 立正姿势,让孩子们安静下来。 自我介绍,说明本课的目的。	3分
开 展	准备活动	拉伸、活动各关节等。 红灯、绿灯中间穿插压腿和其他练习。	认真执行各个环节。	25分
	"出来出来了"游戏	教师扮演小动物:老虎、熊、老鼠,开展日常生活安全教育。	注意场地的空间,不宜太小。就近找朋友,学会牵手交朋友。	
	跳跃和"烤红薯"	发展孩子的跳跃能力,和全身的协调能力。 1. 模仿兔子跳。 2. 跳跃小河。 3. 跳跃有鳄鱼的小河。 4. "烤红薯"。	循序渐进,讲解简单,抓住重点和示范。 中途请一个认真排队的小朋友做示范。	
	抢垫子	分两组,3张垫子	朋友之间共同商量战略。	
整 理	放松操	排队。 放松按摩。 老师总结讲话。	安排位置。 全身放松。 提问今天活动目的是什么。	2分
本 人 评 价				
教学监督部评价				

实践篇

幼儿体育活动课例参考

* 相关视频详见随书所赠配套光盘

评价篇

评价前的调查实施要领

　　幼儿运动能力是指幼儿有效完成基础身体活动的能力。众多周知,幼儿运动能力的评价是一个复杂的系统工程,旨在掌握幼儿体育活动的现状,了解幼儿的发展状况,同时为促进幼儿体育活动的有效开展提供科学的依据。因评价对象和运动项目的不同,采取的评价途径、方法和手段也是多样的,但总体原则都是共通的,即注重幼儿发展状况、幼儿的活动兴趣、学习过程和表现。本单元不做深入的理论探究和研讨,主要通过具体介绍日本体育大学关于幼儿运动能力的调研来展现全体同仁在此方面进行评价时具体的操作方法。[①]

一、测量用具的准备

　　实验使用的工具要事先检查是否有损坏,然后对实验实施场所中可能影响实验结果的杂物要提前整理。

二、参与实验的人员

　　同一项目的测试应有两名以上熟悉实验过程的人参与,以减少失误。另外,应穿着方便活动的运动服、运动鞋。除此之外,还需要一名总务人员,主要负责监督全程实验和照顾参与实验的孩子们,在实验的过程中起协调作用。

三、参与实验的儿童

　　按顺序等待的孩子可以为正在参与实验的孩子加油鼓气。在等待的过程中,时间若过长可以进行简单的游戏或唱些简短的歌曲以活跃气氛。

---

　　① 该项目是东京教育大学的体育心理学研究室对幼儿运动能力研究的修订版,实施方法由2002~2003年度文部科学省科学研究费补助金研究成果报告书《幼儿的运动能力发展的逐年推移和运动能力相关的环境因素的构成分析》(研究代表 杉原·隆)转载而来。

另外，对不积极配合的孩子不必作强硬的要求，可以用"跟老师一起来玩游戏吧"这样的方式邀请他加入，或者说"等下我们再来玩"，然后把孩子的顺序后移。而对那些抱有强烈反感情绪的幼儿可以允许其不参与本实验，并从记录的样本数中除去。

四、期间休息

若组织者需要暂时离开，可用"列队集合"的信号让孩子们集合起来休息。

五、实验安全

为防止事故的发生或出现受伤，应事先做好充分的安全防护准备。

六、其他

记录的后半段是有关该记录与孩子在活动中表现的提问，请配合填写。

（记录表问卷部分）
观察孩子在自由活动时的样子，并在每个项目中选择最为接近的一项画圈标记出来。
问题1. 自由活动的时候，孩子是否积极主动地参与游戏？
1. 完全不动　2. 很少积极参与　3. 会主动地参与　4. 非常积极地参与
问题2. 自由活动的时候，室内的游戏和室外的活动哪个孩子参加得更多呢？
1. 在室内玩　2. 多在室内　3. 一样　4. 多在室外　5. 在室外玩
问题3. 自由活动的时候，孩子看上去开心么？
1. 看上去不开心　2. 看上去有点开心　3. 看上去很开心　4. 看上去相当开心
问题4. 自由活动的时候，孩子经常跟几个好朋友一起玩呢？
1. 经常一个人玩　2. 两到三个人　3. 四到五个人　4. 六个人以上

评价项目及标准

表4-1 幼儿运动能力调查的得分表及综合评价（男）

项目	评分	男孩					
		4岁	4岁半	5岁	5岁半	6岁	6岁半
25米跑（秒）	5	~ 6.7	~ 6.2	~ 5.9	~ 5.7	~ 5.4	~ 5.3
	4	6.8 ~ 7.5	6.3 ~ 6.8	6.0 ~ 6.5	5.8 ~ 6.1	5.5 ~ 5.9	5.4 ~ 5.7
	3	7.6 ~ 8.4	6.9 ~ 7.6	6.6 ~ 7.2	6.2 ~ 6.7	6.0 ~ 6.4	5.8 ~ 6.3
	2	8.5 ~ 9.8	7.7 ~ 8.7	7.3 ~ 8.0	6.8 ~ 7.4	6.5 ~ 7.1	6.4 ~ 6.8
	1	9.9 ~	8.8 ~	8.1 ~	7.5 ~	7.2 ~	6.9 ~
往返跑（秒）	5	~ 8.4	~ 7.9	~ 7.8	~ 7.4	~ 7.3	~ 7.2
	4	8.5 ~ 9.7	8.0 ~ 9.0	8.0 ~ 8.7	7.5 ~ 8.2	7.5 ~ 7.9	7.3 ~ 7.8
	3	9.8 ~ 10.9	9.1 ~ 10.1	8.8 ~ 9.8	8.3 ~ 9.1	8.0 ~ 8.6	7.9 ~ 8.2
	2	11.0 ~ 13.5	10.2 ~ 12.0	9.9 ~ 11.3	9.2 ~ 10.5	8.7 ~ 9.9	8.3 ~ 9.8
	1	13.6 ~	12.1 ~	11.4 ~	10.6 ~	10.0 ~	9.9 ~
立定跳远（cm）	5	104 ~	114 ~	122 ~	131 ~	139 ~	142 ~
	4	86 ~ 103	99 ~ 113	105 ~ 121	115 ~ 130	123 ~ 138	126 ~ 141
	3	65 ~ 85	81 ~ 98	87 ~ 104	98 ~ 114	105 ~ 122	107 ~ 125
	2	45 ~ 64	59 ~ 80	66 ~ 86	77 ~ 97	84 ~ 104	85 ~ 106
	1	~ 44	~ 58	~ 65	~ 76	~ 83	~ 84
投球-软皮球（0.5 m）	5	6.0 ~	7.5 ~	8.5 ~	10.0 ~	12.0 ~	12.5 ~
	4	4.5 ~ 5.5	5.0 ~ 7.0	6.5 ~ 8.0	7.5 ~ 9.5	8.5 ~ 11.5	9.0 ~ 12.0
	3	3.0 ~ 4.0	3.5 ~ 4.5	4.5 ~ 6.0	5.0 ~ 7.0	5.5 ~ 8.0	6.0 ~ 8.5
	2	1.5 ~ 2.5	2.5 ~ 3.0	2.5 ~ 4.0	3.0 ~ 4.5	3.5 ~ 5.0	4.5 ~ 5.5
	1	0.0 ~ 1.0	0.0 ~ 2.0	0.0 ~ 2.0	0.0 ~ 2.5	0.0 ~ 3.0	0.0 ~ 4.0
投球-网球（0.5m）	5	7.0 ~	9.0 ~	10.0 ~	11.5 ~	14.0 ~	15.0 ~
	4	5.0 ~ 6.5	6.5 ~ 8.5	7.5 ~ 9.5	8.5 ~ 11.0	10.0 ~ 13.5	10.5 ~ 14.5
	3	3.5 ~ 4.5	4.5 ~ 6.0	5.0 ~ 7.0	6.0 ~ 8.0	7.0 ~ 9.5	8.0 ~ 10.0
	2	2.5 ~ 3.0	3.0 ~ 4.0	3.5 ~ 4.5	4.0 ~ 5.5	4.5 ~ 6.5	5.5 ~ 7.5
	1	0.0 ~ 2.0	0.0 ~ 2.5	0.0 ~ 3.0	0.0 ~ 3.5	0.0 ~ 4.0	0.0 ~ 5.0
等距跳跃（秒）	5	~ 5.1	~ 4.8	~ 4.5	~ 4.1	~ 4.0	~ 3.9
	4	5.2 ~ 6.3	4.9 ~ 5.7	4.6 ~ 5.2	4.2 ~ 4.9	4.1 ~ 4.7	4.0 ~ 4.6
	3	6.4 ~ 9.0	5.8 ~ 7.2	5.3 ~ 6.3	5.0 ~ 5.8	4.8 ~ 5.5	4.7 ~ 5.4
	2	9.1 ~ 14.2	7.3 ~ 11.2	6.4 ~ 9.1	5.9 ~ 7.9	5.6 ~ 6.9	5.5 ~ 6.7
	1	14.3 ~	11.3 ~	9.2 ~	8.0 ~	7.0 ~	6.8 ~
双手支撑时间测试（秒）	5	41 ~ 180	61 ~ 180	74 ~ 180	109 ~ 180	126 ~ 180	154 ~ 180
	4	19 ~ 40	30 ~ 60	38 ~ 73	54 ~ 108	64 ~ 125	76 ~ 153
	3	7 ~ 18	12 ~ 29	17 ~ 37	25 ~ 53	31 ~ 63	36 ~ 75
	2	2 ~ 6	4 ~ 11	5 ~ 16	9 ~ 24	11 ~ 30	14 ~ 35
	1	6 ~ 1	0 ~ 3	0 ~ 4	0 ~ 8	0 ~ 10	0 ~ 13

项目	评分	男　　孩					
		4岁	4岁半	5岁	5岁半	6岁	6岁半
垒球 （回）	5	8 ~ 10	9 ~ 10	10	10	10	10
	4	4 ~ 7	6 ~ 8	8 ~ 9	9		
	3	1 ~ 3	3 ~ 5	4 ~ 7	6 ~ 8	7 ~ 9	8 ~ 9
	2	0	0 ~ 2	2 ~ 3	2 ~ 5	4 ~ 6	5 ~ 7
	1			0 ~ 1	0 ~ 1	0 ~ 3	0 ~ 4

综合评定标准表

阶　　段	总　　分
A	24 ~ 30分
B	20 ~ 23分
C	17 ~ 19分
D	13 ~ 16分
E	6 ~ 12分

*五阶段评分换算表由2002~2003年度日本文部科学省科学研究费补助金研究成果报告书《幼儿的运动能力发展的逐年推移和运动能力相关的环境因素的构成分析》（研究代表杉原 隆）上转载而来。做成类似的评分表，其中年龄（半岁制）、性别与平均值差3点左右。

*综合评价标准表（表4-1和表4-2）是为了本研究，使用上面的资料制作的新表。

*综合评价是项目全部实施后的项目总分，并分成5个阶段。

*"25米跑"和"往返跑"、"垒球"和"网球"是可选项。

表4-2　幼儿的运动能力调查的得分表及综合评价（女）

项目	评分	女　　孩					
		4岁	4岁半	5岁	5岁半	6岁	6岁半
25米跑 （秒）	5	~ 7.0	~ 6.4	~ 6.2	~ 5.8	~ 5.6	~ 5.5
	4	7.1 ~ 7.8	6.5 ~ 7.1	6.3 ~ 6.7	5.9 ~ 6.3	5.7 ~ 6.0	5.6 ~ 5.9
	3	7.9 ~ 8.6	7.2 ~ 7.9	6.8 ~ 7.4	6.4 ~ 6.9	6.1 ~ 6.6	6.0 ~ 6.4
	2	8.7 ~ 10.0	8.0 ~ 9.0	7.5 ~ 8.3	7.0 ~ 7.6	6.7 ~ 7.2	6.5 ~ 7.0
	1	10.1 ~	9.1 ~	8.4 ~	7.7 ~	7.3 ~	7.1 ~
投球－ 软皮球 （0.5m）	5	4.5 ~	5.0 ~	5.5 ~	6.5 ~	7.5 ~	8.0 ~
	4	3.5 ~ 4.0	4.0 ~ 4.5	4.5 ~ 5.0	5.0 ~ 6.0	5.5 ~ 7.0	6.0 ~ 7.5
	3	2.5 ~ 3.0	3.0 ~ 3.5	3.0 ~ 4.0	3.5 ~ 4.5	4.0 ~ 5.0	4.5 ~ 5.5
	2	1.5 ~ 2.0	2.0 ~ 2.5	2.0 ~ 2.5	2.5 ~ 3.0	3.0 ~ 3.5	3.0 ~ 4.0
	1	0.0 ~ 1.0	0.0 ~ 1.5	0.0 ~ 1.5	0.0 ~ 2.0	0.0 ~ 2.5	0.0 ~ 2.5
投球－ 网球 （0.5m）	5	5.5 ~	6.0 ~	6.5 ~	7.5 ~	8.5 ~	9.0 ~
	4	4.0 ~ 5.0	4.5 ~ 5.5	5.0 ~ 6.0	5.5 ~ 7.0	6.5 ~ 8.0	7.0 ~ 8.5
	3	3.0 ~ 3.5	3.5 ~ 4.0	4.0 ~ 4.5	4.0 ~ 5.0	5.0 ~ 6.0	5.5 ~ 6.5
	2	2.0 ~ 2.5	2.5 ~ 3.0	2.5 ~ 3.5	3.0 ~ 3.5	3.5 ~ 4.5	4.0 ~ 5.0
	1	0.0 ~ 1.5	0.0 ~ 2.0	0.0 ~ 2.0	0.0 ~ 2.5	0.0 ~ 3.0	0.0 ~ 3.5
等距 跳跃 （秒）	5	~ 5.3	~ 4.7	~ 4.5	~ 4.3	~ 4.1	~ 4.1
	4	5.4 ~ 6.4	4.8 ~ 5.8	4.6 ~ 5.3	4.4 ~ 5.0	4.2 ~ 4.8	4.2 ~ 4.7
	3	6.5 ~ 8.7	5.9 ~ 7.6	5.4 ~ 6.4	5.1 ~ 5.9	4.9 ~ 5.6	4.8 ~ 5.5
	2	8.8 ~ 13.3	7.7 ~ 11.8	6.5 ~ 9.2	6.0 ~ 7.7	5.7 ~ 7.0	5.6 ~ 6.5
	1	13.4 ~	11.9 ~	9.3 ~	7.8 ~	7.1 ~	6.6 ~
双手支 撑时间 测试 （秒）	5	42 ~ 180	62 ~ 180	78 ~ 180	103 ~ 180	126 ~ 180	139 ~ 180
	4	19 ~ 41	29 ~ 61	36 ~ 77	53 ~ 102	64 ~ 125	68 ~ 138
	3	7 ~ 18	12 ~ 28	16 ~ 35	25 ~ 52	32 ~ 63	35 ~ 67
	2	2 ~ 6	4 ~ 11	5 ~ 15	9 ~ 24	13 ~ 31	15 ~ 34
	1	0 ~ 1	0 ~ 3	0 ~ 4	0 ~ 8	0 ~ 12	0 ~ 14

项目	评分	女孩					
		4岁	4岁半	5岁	5岁半	6岁	6岁半
垒球（回）	5	7 ~ 10	8 ~ 10	9 ~ 10	10		
	4	4 ~ 6	5 ~ 7	7 ~ 8	8 ~ 9	9 ~ 10	10
	3	1 ~ 3	2 ~ 4	4 ~ 6	5 ~ 7	6 ~ 8	7 ~ 9
	2	0	0 ~ 1	0 ~ 3	2 ~ 4	3 ~ 5	4 ~ 6
	1				0 ~ 1	0 ~ 2	0 ~ 3

综合评定标准表

阶　段	总　　　分
A	24 ~ 30 分
B	20 ~ 23 分
C	17 ~ 19 分
D	13 ~ 16 分
E	6 ~ 12 分

*五阶段评分换算表由2002~2003年度文部科学省科学研究费补助金研究成果报告书《幼儿的运动能力发展的逐年推移和运动能力相关的环境因素的构成分析》(研究代表 杉原 隆)上转载而来。做成类似的评分表，其中年龄(半岁制)、性别与平均值差3点左右。

*综合评价标准表(表4–1和表4–2)是为了本研究，使用上面的资料制作的新表。

*综合评价是6个项目全部实施后的6个项目的总分，并分成5个阶段。

*"25米跑"和"往返跑"、"垒球"和"网球"是可选项。

03

评价的具体操作

本节具体介绍这项调研中提及的七个项目的准备、方法、记录、注意事项及说明等。

项目1（室外）

25米跑（无法实施时，以"往返跑"代替）

<准备>

（1）铺设30米的跑道，在25米左右的地方立上2个旗子作为标记。

（2）秒表。

（3）旗子（起点一个，25米处两个）。

（4）终点线。

<方法>

（1）不能踩到起跑线，两脚一前一后站好，做好准备姿势。

（2）起跑信号设置在起跑线斜前方3~5米的位置，在喊"准备！开始！"的同时，手拿旗子由下往上挥以提示开始。

（3）终点线设在橡胶跑道30米处，让孩子往终点线的方向跑。

（4）按男生和男生，女生和女生分组，每次2~3个人一起跑。

<记录>

（1）从开始手势到冲过25米为止，以0.1秒的单位进行测量（结果保留到

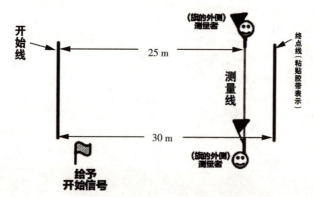

106

小数点后两位）。

（2）只进行一次。

<其他的注意事项>

（1）为了给实验者以鼓励，可以带领孩子们一起为他们加油。

（2）辅助人员应站在幼儿身后，通过抓衣服制止起跑信号发出前即往前跑的幼儿，等待信号发出后再松手。

另外，有孩子抢跑的时候，不挥旗，待其重新站位后开始。

（3）没有意识到起跑信号的孩子，可以在背后稍微推一下提醒他出发。

<说明>

不要踩线。在说了"准备"之后做好准备动作，然后在听到"跑"的命令，看到旗子上扬后，拼尽全力跑向终点。

项目2（室内）

立定跳远

<准备>

（1）卷尺（1.5~2 m）。

（2）在室内的地板上布置2 cm幅度的刻度线（使用胶带），与刻度线垂直布置卷尺。

（3）刻度线的间隔距离是10 cm，落地位置用胶带贴出表示。

<方法>

（1）不要踩到起跳位置的刻度线，双脚并排稍微分开，同时尽全力向前跳。

（2）为了不出现两脚踩线或单脚踩线的情况，老师可提前做出示范。

（3）出现两脚踩线或单脚踩线的时候，需重新再一次。

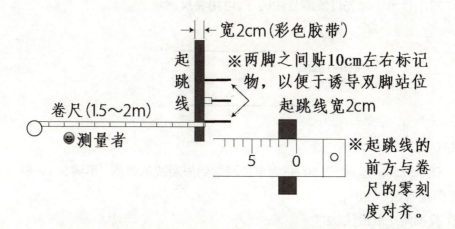

<记录>

（1）刻度线起点与落地点（脚跟与刻度线起点间的距离）间的最短距离以cm为单位测量（不满1 cm的部分舍去）。为了使测量者能清楚地看到实验者脚跟的位置，测量者应站在布置了卷尺的一侧。

（2）测量两次取最优。

（3）落地之后不一定要保持静止。

<其他的注意事项>

（1）起跳的时候，借助甩手的反作用力。

（2）起跳的时候，其他人可以为其加油鼓励。

<说明>

不要踩线。挥动双手拼命向前跳，如果犯了错误要重新再来。

项目3（室外）

投球

<准备>

（1）1号垒球（周长26.2~27.2 cm，重量136~146 g）两个以上，或者是硬式网球（请勿使用太旧的球）两个以上。

（2）卷尺。

（3）画间隔1 m，宽6 m的线（15~20 m），其间50 cm的地方做上标志。

<方法>

（1）双脚与要投掷球的手呈相反方向前后张开，前面的脚不能踩到限制的线，做标准动作的示范（右手投掷则左脚在前的姿势站立）。

（2）不能踩踏、跨越限制线，不能助跑，使用惯用手将球向远处进行投掷。

（3）对两脚的位置无论如何也不能矫正的孩子可以不予理会。

（4）对于投出了原先设置测量线的球，可用卷尺测量。

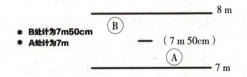

<记录>

（1）确认球的落地点，以50 cm为单位测量到限制线的距离。不满50 cm的舍去，下图是参照。

（2）投掷两次取最优。

（3）对于球投掷出了6 m宽度的情况，需要重新再投掷一次。

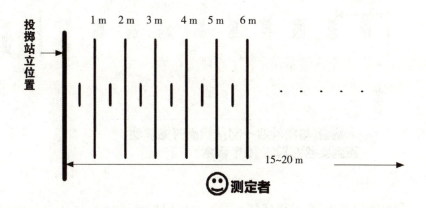

<其他的注意事项>

（1）投掷时可以抬脚，但不能越线。

（2）对于习惯向下投球的孩子，可以建议他们向高处投球。

<说明>

不要踩线；与扔球手相反的脚在前；尽量把球扔高扔远。

项目4（室内）

等距跳跃

<准备>

（1）卷尺。

（2）积木（大概宽5 cm，高5 cm，长10 cm）10个。

（3）室内的地板取4 m 50 cm的距离，每50 cm用胶带做上标记，并排列上10个积木。

（4）停表。

（5）胶带。

<方法>

（1）在离第一块积木20 cm的地方用胶带贴成线作为起点，幼儿站在起点位置，在听到"开始"的口令后，两脚并拢，准确迅速地一个接一个跳过积木。

（2）以下是错误示范：

①双脚没有并拢就起跳，两脚间的距离超过积木的宽。

②一次跳过了两个积木。

③跳上积木、跳过之后把积木踢乱。

<记录>

（1）从"开始"口令开始，到孩子无失误地跳过10个积木为止，时间按0.1秒的单位进行测定。结果保留到小数点后两位。

20 cm 50 cm

4 m 50 cm

20 cm

起跑线

起跑线

测量者(与实验者一起从起点开始移动,直到实验者跳过10个积木)

（2）进行两次,取最优成绩。第二次可以反向进行。

<其他的注意事项>

（1）不强调速度,但要求每一个积木都能准确无误地跳过。

（2）双脚稍微分开一些（积木的宽以内）,分开太多或者跳得太零散杂乱的要重新再来。

（3）可以用像"中途不休息一直跳"、"像小白兔那样跳"之类的说法提示孩子们怎么去跳。

<说明>

双脚并拢,中间不休息地一个一个跳过积木。犯了错误示范中的错误时要重新再来。

项目5（室外）

双手支撑时间测试

<准备>

（1）幼儿站立时手臂垂在身体两侧,在手肘的高度（大概在70~75cm）布置两张书桌（或技巧台）。为了让孩子知道放手的位置,在书桌（技巧台）的边缘稍微超出1~2mm的地方贴上胶带。

（2）手放在书桌上,两臂刚好能伸直,做好准备姿势站在辅助台上。

（3）停表。

<方法>

（1）实验者站在两张课桌中间,站在适当高度的辅助台上。

（2）教师说"准备"后,实验者手放到桌上,两臂伸直。

（3）教师说"开始"后,抽离脚下的辅助台。

（4）孩子保持支撑姿势直到两臂再不能支撑身体的重量。180秒（3分钟）为最长时间,到了这个时间即使没结束也叫停。

（5）下面是错误的示范:

① 手臂弯曲；

② 其他地方触碰到书桌或地板；

（6）实验者较多时，可让他们在旁边排成一列。

<记录>

（1）以秒为单位测定记录孩子脚离开地面（辅助台）开始到触碰地面为止的时间（不满1秒的舍去）。

（2）只进行1次。

（3）测试时间最长到180秒（3分钟），超过这一时间即停止。

<其他的注意事项>

（1）实验中，要用鼓励孩子。

（2）不公布成绩。

（3）注意不让孩子的拇指超出桌子边缘贴的胶带。

（4）说"准备"后，包括手肘在内的两手臂都要伸直。

（5）双腿不停摇晃的话，用手轻按孩子腰部停止他的摇晃。

（6）准备30 cm到35 cm左右宽度的辅助台，提前测量，保证选择以与孩子的身高相适应的高度的辅助台进行实验。

<说明>

双手放在书桌的桌角位置。听到"准备！开始！"之后，双臂绷直让双脚离开地面，保持身体悬挂姿势。脚开始发抖的要尽早让实验者下来。发现以示范中的错误时动作进行实验的孩子，请他重新再来。

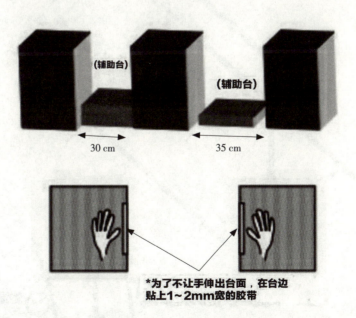

接球

<准备>

（1）橡胶球（大概直径在12~15 cm，重量约150 g）两个以上。

（2）有支架的杆子（高度在170 cm以上）。

（3）胶带、绳子（绳子质量要好）。

（4）在距离3 m的地方划上两条线，中央立上杆子，并在杆子170 cm的地方用绳子固定。

<方法>

（1）绳子的一边站着实验者的孩子们。

（2）测量者站在另一边，越过绳子朝孩子的胸前扔球，让孩子们能接到球。

（3）让他们练习3个球，试验开始至扔10个球结束。

<记录>

记录孩子接到几个球。

<注意>

（1）投球前，要说"我要投了哟"之类的话语作为信号。

（2）投球高度既不能过低也不适宜太高。

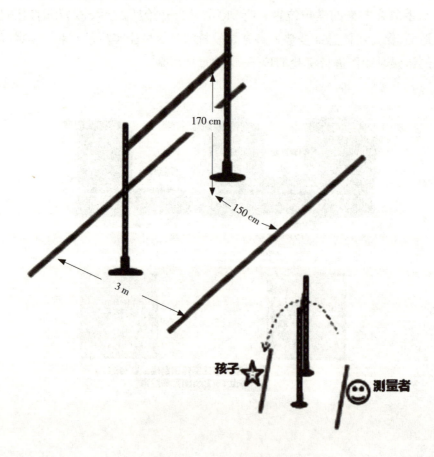

（3）扔出去的球仅以到达胸前的球为有效，差太多要重新投掷。为了能准确扔到孩子胸前，教师做些事先练习也是有必要的。

（4）不能把球扔向伸手等球的孩子手上，在球扔出去之前要保持拿球姿势。

（5）孩子可以到线的前面接球。

（6）2人以上共同进行实验的情况，两组实验之间的间隔在1 m 50 cm以上为宜。

<说明>

老师可说："投过来的球，不能让它落地，要牢牢接住喔。"

项目7（室外）

往返跑（"25米跑"的代替项目）

<准备>

（1）在地面铺设15 m的往返路线，起跑线开始5 m远的地方做上标记（测定点），并立上旗帜（如图），起跑线只准备一人实验的长度。

（2）停表。

（3）旗子（出发信号1个，起跑线之后5 m处2个）。

（4）终点线。

（5）折返点的立柱或两个旗子（间隔4 m，正中间的部分2 m的地方画上线）。

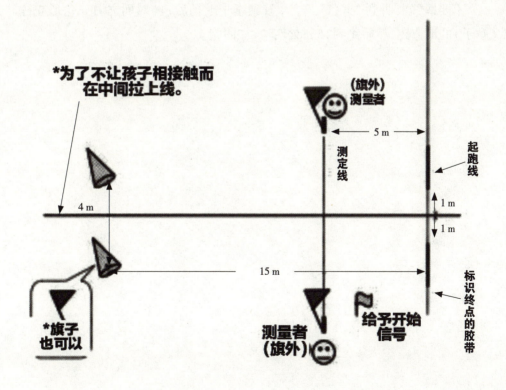

＜方法＞

（1）不能踩到起跑线,两脚一前一后站好,做好准备姿势。

（2）起跑信号设置在起跑线斜前方3~5 m的位置,在喊"准备!开始!"的同时,手拿旗子由下往上挥以提示开始。

（3）终点线与起点相同,在15 m的地方设置折返点,让孩子往起点线的方向跑。

（4）以男生和男生,女生和女生分组,每次2个人一起跑。

＜记录＞

（1）以0.1秒为单位,测量在旗子上扬后,到通过折返后的10 m处的测定点为止的时间。（结果保留到小数点后两位）

（2）只进行一次。

＜其他的注意事项＞

（1）为了鼓励实验者,其他人可加油。

（2）辅助人员应站在幼儿身后,发出起跑的信号前就往前冲的孩子要抓一下他的衣服制止他,等待信号发出后再松手。另外,有孩子抢跑的时候,不挥旗,待其重新站位再开始。

（3）没有意识到起跑的孩子可以在背后稍微推一下提醒他出发。

（4）用锥形立柱或旗子都可以,尽量不要跨过中间的线往回跑。

＜说明＞

不要踩线。听到"准备"开始,看到旗子上扬后,向对面立着三角形立柱（旗子）的地方跑,然后跑到15 m处转弯,往回跑。